/

Vorwort

Warum ist gerade jetzt die richtige Zeit ist, Bangkok zu besuchen?

Sowohl die Lebenshaltungskosten als auch die Energiepreise steigen in Deutschland derzeit extrem. Jeder Monat, den wir in einem preiswerten Urlaubsland verbringen, kann Geld sparen – insbesondere während des kalten Winters.

Schön war es schon immer, den Winter in diesem tropischen Paradies zu verbringen. Nun ist es auf einmal auch noch sinnvoll!

Ein weiteres Argument, dem Fernweh jetzt nachzugehen, ist die momentane touristische Ebbe. Vor der Pandemie war Bangkok mit 12 Mio. Touristen die meistbesuchte Stadt der Welt. An vielen Attraktionen gab es lange Warteschlangen. Im Königspalast wurde um die besten Fotoplätze gekämpft.

All dies ist für den Moment Geschichte. Selbst an den beliebtesten Hotspots geht es gelassen zu. Derzeit können Sie Bangkok erleben, wie es 2001 von den Besucherzahlen her war. So entspannt, wie es momentan ist, wird es vermutlich nur in der kommenden Hauptsaison bleiben.

Die derzeitigen Auslastungsquoten vieler Hotels von lediglich 30 %, führen zu sehr günstigen Sonderangeboten. Demgegenüber werden die Flüge jedoch in den kommenden Monaten stetig teurer. Buchen Sie also rechtzeitig. Ein Hotelzimmer finden Sie in jedem Fall – und das auch noch zu einem schmeichelhaften Preis.

Bangkok ist eine der aufregendsten und schönsten Städte der Welt. Gönnen Sie sich dieses einmalige Erlebnis - Jetzt!

Im Anhang finden Sie praktische Tipps für Ihren Bangkok Besuch und einige Vorschläge, wie Sie einen Drei-Tage-Aufenthalt verbringen können.

Dazu gehören auch Touren-Vorschläge, die Sie aus meinen Empfehlungen zusammenstellen können. Ich habe dafür bei Google Maps Spezialkarten für Sie erarbeitet. So können Sie anhand des Buches z. B. folgende Touren in Bangkok durchführen:

Bang Krachao – die grüne Lunge Bangkoks

Bangkok – Spaß für Kinder

Street Food in Bangkok. Eine Entdeckungsreise

Sky Bars in Bangkok – Alles begann mit "Hangover 2"

Bangkoks schönste Märkte

Anmerkung:

Ich bereise Thailand seit 30 Jahren, oft monatelang. Bangkok habe ich während dieser Zeit ausführlich erkundet und lieben gelernt. Ich habe diesen persönlichen Reiseführer für Sie geschrieben, damit Sie Bangkok in seiner ganzen, großartigen Vielfalt erleben können. Je nach Vorlieben und Urlaubskasse.

Im Unterschied zu anderen Reiseführern bemühe ich mich nicht um Vollständigkeit. Was ich Ihnen empfehle, ist eine Auswahl. Alle Restaurants, Hotels und Street Food Geschäfte existieren seit Jahren und sie bieten gleichbleibend gute Qualität. Ich empfehle nur, was ich kenne!

Ich habe von keiner Person, keinem Verein oder Unternehmen Geld für meine Empfehlungen erhalten.

Inhalt

G. Sehenswürdigkeiten

H. Kunst – Von Musik bis zu modernen Museen und Galerien

I. Bangkok – Spaß für Kinder

J. Anhang

Impressum

Bangkok 2023

A. Die Reise beginnt

Auch wenn Sie schon ein "alter Hase" in puncto Reisen sind, gibt es viele Dinge, die in einem asiatischen Land wie Thailand anders sind als bei uns in Europa. So ist es z. B. sehr heiß, was man vertragen muss. Die fremde Kultur fasziniert und die freundliche Art der Thailänder und deren gewinnendes Lächeln werden Ihre Stimmung heben.

Zugleich kann manches aber auch zu Missverständnissen führen, denn ein Lächeln bedeutet in Thailand nicht generell Zustimmung. Es ist lediglich ein Zeichen der Höflichkeit, auch wenn man anderer Meinung ist. Sie sollten sich daher in jedem Fall respektvoll auf das Land und seine liebenswerten Menschen einlassen. Dann wird Ihr Urlaub ein unvergessliches Erlebnis.

I. Wie finden Sie den besten Flug und das passende Hotel?

Wenn Sie regelmäßig Urlaub in fremden Ländern machen, haben Sie mit Suchmaschinen vermutlich bereits eigene Erfahrungen gesammelt und Vorlieben entwickelt. Ich beziehe mich im nun Folgenden nur auf das Reiseziel Thailand.

Denn was auch immer andere sagen: Es gibt keinen sicheren Weg mit gleichzeitiger Best-Preis-Garantie!

Ich persönlich vergleiche während der Reiseplanung Flüge in verschiedenen Suchmaschinen wie Kiwi, Skyscanner, Swoodoo und Momondo – wobei letztere mein Favorit ist. Anschließend sichte ich Angebote direkt bei den Fluggesellschaften.

Für Unterkünfte nutze ich demgegenüber vor allem Traveloka. Die dortigen Angebote vergleiche ich mit den Preisen auf den Hotel-Webseiten.

Momondo

Bei Flügen ist **Momondo** (https://www.momondo.de/) seit Jahren die Suchmaschine meiner Wahl. Auch wenn ich deren Ergebnisse immer noch mit den Angeboten der Airlines vergleiche. Warum Momondo?

Seit die Gepäckkosten separat auf den Flugpreis aufgeschlagen werden, ist es schwieriger geworden, den realen Endpreis zu erfahren. Bei Momondo müssen Sie nur Handgepäck und Aufgabegepäck zusätzlich anklicken und schon sehen Sie den Endpreis. Bei anderen Suchmaschinen werden Ihnen die Gepäckkosten erst spät im Buchungsvorgang gezeigt. Ich finde das kundenunfreundlich.

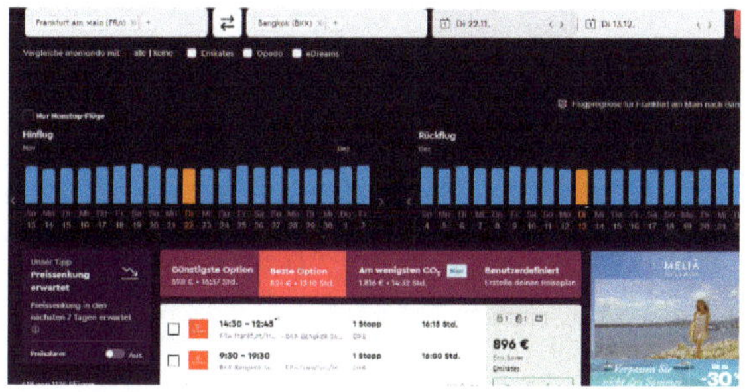

Außerdem erfahren Sie bei Momondo in einer Zeitleiste am oberen Rand, welche Flugtage (preislich) günstig sind und zusätzlich, ob die Flugpreise demnächst steigen oder fallen! Per E-Mail können Sie auch einen Preisalarm einrichten.

Je nachdem, wo Sie im Bundesgebiet wohnen: Vergleichen Sie die Preise für mehrere Flughäfen wie Frankfurt, München oder Berlin. Es lohnt sich. Denn so können Sie bis zu 200 € sparen. Wenn Sie einen Flug gefunden haben: Checken Sie auf der Webseite der Fluggesellschaft, **wie viel Gepäck** (Seite 200) Sie mitnehmen dürfen (zwischen 20 und 30 kg), um böse Überraschungen am Flughafen zu vermeiden.

Traveloka

Diese Suchmaschine aus Indonesien ist bei uns unbekannt. In Südostasien ist sie hingegen stark vertreten.

Ich bevorzuge sie für die Flugsuche innerhalb Thailands oder bei Flügen in die Nachbarländer. Auch hierbei vergleiche ich die Ergebnisse danach vorsichtshalber noch einmal mit Momondo. Es lohnt sich! Ich habe auf diese Weise schon so manchen Euro gespart. **Travelokas** (https://www.traveloka.com/en-en/)besondere Stärke liegt aber im Aufspüren der besten Hotelbuchung.

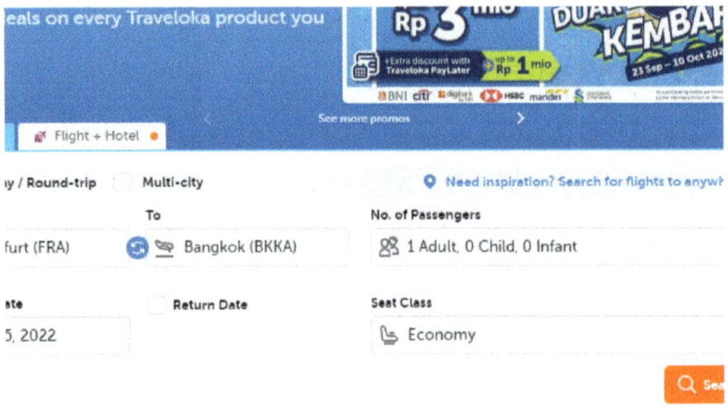

Ein weiterer Vorteil: Im Unterschied z. B. zu Agoda wird mir ein konkretes Zimmer gezeigt, wenn es um speziellere Angebote wie etwa Suiten geht. Ich nutze die Suchmaschine in Thailand regelmäßig und habe in ca. 90 % aller Fälle bessere Preise erzielt als in unseren gängigen Hotelsuchmaschinen (z.B. **Agoda** https://www.agoda.com/de-de/?cid=-134).

2. Mit dem Taxi oder Airport Rail Link in die Stadt?

Wenn Sie nach einem langen Flug endlich in Bangkok landen, übermüdet und steif gesessen, dann möchten Sie nur noch ins Hotel. So schnell wie möglich. Je nachdem, in welchem Stadtteil Sie gebucht haben, werden Sie ein Taxi oder einen Limousinenservice bevorzuge. Alternativ empfehle ich allerdings zu den Stoßzeiten im Straßenverkehr (07:30 – 09:30 Uhr und 16:30 – 18:30 Uhr) den Airport Rail Link, eine Hochbahn, die den Flughafen mit der Innenstadt verbindet. Er bringt Sie in 36 Min. bis in die Innenstadt. Unschlagbar schnell und preiswert. Für die restliche kurze Strecke können Sie dann ein Taxi wählen (oder andere Linien des Skytrain bzw. der U-Bahn).

Taxifahrten – Was Sie beachten müssen

Ankunftsbereich Ebene I FL

Wenn Sie am Zoll vorbei in der Ankunftshalle angekommen sind, folgen Sie den Schildern links in Richtung Rolltreppe. Fahren Sie hinunter bis auf die **Ebene I FL**. Dort finden Sie hinter den Ausgängen 7 und 8 Ticketmaschinen, an denen Sie sich einen Bon ziehen müssen, der die Nr. der Taxi Spur zeigt, zu der Sie gehen müssen, sobald Ihre Nummer aufgerufen bzw. angezeigt wird.

Taxi Ticket Automat

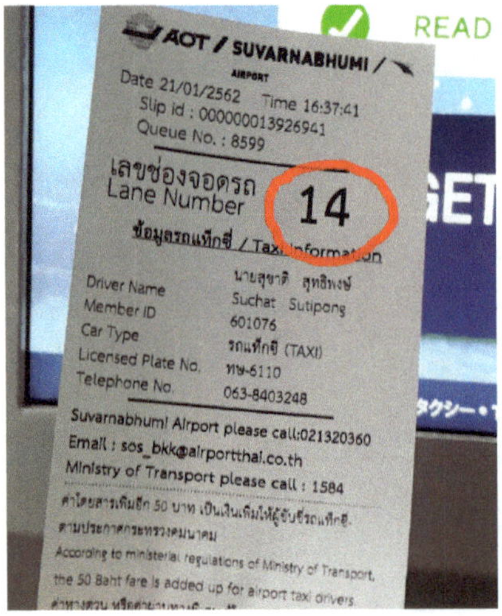

Dem Taxifahrer zeigen oder nennen Sie Ihre Zielstraße bzw. den Namen des Hotels, in dem Sie wohnen. Betonen Sie zusätzlich, dass Sie über den Highway fahren möchten. Dies geht deutlich schneller. Dafür geben Sie ihm vorab 75 THB (ca. 2 €) bar.

Am Ziel bezahlen Sie dem Fahrer so viel, wie auf dem Taximeter angezeigt wird. Zusätzlich müssen Sie noch eine Flughafengebühr von 50 THB (1,50 €) entrichten. Eine Fahrt in die Gegend um die Sukhumvit kostet ca. 9 €, in die Silom oder Richtung Altstadt sind es ca. 12 €.

Preiswerte Alternative: der Airport Rail Link

Station:	Ebene B1 FL
Fahrtzeit:	26 Minuten
Preis:	45 Baht (2,20 €)
Öffnungszeiten:	Täglich 05:30 – 00:00 Uhr
Webseite:	https://bangkokairporttrain.com/
Lockbox:	https://www.lockbox-th.com/location.html

Wenn ich aus Deutschland einreise, wähle ich nach dem langen Flug in der Regel ein Taxi für die Fahrt zum Hotel. Nach Inlandsflügen oder bei der Heimreise bevorzuge ich dann den Airport Rail Link. Er ist schneller und verlässlicher als jedes Taxi im Verkehrsgewühl Bangkoks!

Sie finden den Bahnhof auf der Ebene B1 FL (also unterhalb der Taxi-Ebene FL 1). Gehen Sie im Untergeschoss auf dem Weg zur Station zu einem Ticket-Automaten. Dort erhalten Sie einen Chip, den Sie an der Schranke einwerfen und wieder entnehmen müssen.

Je nachdem, wo sich Ihr Hotel befindet, fahren Sie bis zur Station Makkasan (35 THB/ca. 1 €) oder Paya Thai (45 THB/ca. 1,40 €). Von dort aus sollte es mit dem Taxi zu Ihrer Unterkunft nur noch ca. 100 THB (3 €) kosten. Alternativ steigen Sie für den restlichen Weg auf die U-Bahn bzw. den Skytrain um, falls Ihr Hotel sich in unmittelbarer Nähe einer entsprechenden Station befindet.

Lockbox Skytrain Saladaeng

Falls Sie von Bangkok aus am Ende Ihres Urlaubs nach Hause fliegen, können Sie Ihr Gepäck nach dem Auschecken des Hotels am Mittag bis zum nächtlichen Abflug in einem Schließfach (**Lockbox** https://www.lockbox-th.com/location.html) an der Skytrain Station Phaya Thai, Ausgang 2 einschließen und über den Tag hinweg noch etwas unternehmen.

Wahlweise können Sie hierfür auch die Gepäckaufbewahrung an der U-Bahn-Station Petchaburi, Ausgang 1 nutzen. Solche Aufbewahrungsgelegenheiten finden sich mittlerweile an vielen Skytrain und U-Bahn-Stationen. Aber auch an Märkten wie am **Chatuchak Wochenendmarkt** (Seite 122)

B. Welche Unterkunft passt zu mir?

Bangkok war bis zur Pandemie die meistbesuchte Stadt der Welt, mit 160.000 Zimmern im Angebot. Sie können also davon ausgehen: Was auch immer Ihren Vorlieben entspricht und wieviel Sie zahlen können: Bangkok bietet das Passende für Sie. Und zwar zu guten Preisen! Ob im Weltklasse-Hotel am Chao Praya oder einem Mittelklasse-Hotel an der Sukhumvit Road.

Nach der Pandemie möchte die Stadt wieder Touristen anlocken. Die Zimmerauslastung dümpelt derzeit bei 30 %. Gut für die Urlauber: Die meisten Häuser überbieten sich mit attraktiven Sonderangeboten. Also prüfen Sie die Preise nicht nur über Hotel-Suchmaschinen, sondern nutzen Sie auch die im Kapitel „Wie finden Sie den besten Flug und das passende Hotel?“ vorgestellten Tipps.

Aufgrund der immer noch besonderen Nach-Pandemie-Situation finden Sie schöne Zimmer auch noch kurz vor Reiseantritt.

I. Besondere Hotels – normale Preise

Hotels mit gutem Standard finden Sie in Bangkok reichlich. Ausstattung und Service sind in der Regel bestens. Allerdings mangelt es den großen Hotelbauten oft an Individualität. Zu oft wirken sie für mich austauschbar und könnten in jeder Großstadt weltweit stehen.

Wenn Sie hingegen das Besondere suchen ... Etwas, das typisch für Thailand ist und zugleich aus dem Rahmen fällt? Dann entsprechen Ihre genau meinen Vorlieben. Ich bevorzuge besondere, unverwechselbare Hotels. Sie zeichnen sich durch ihre besondere Lage aus, werben mit einer außergewöhnlichen Geschichte oder beeindrucken durch ihre eindrucksvolle Architektur.

Solche Perlen im riesigen Angebot der 160.000 Hotelzimmer Bangkoks zu entdecken, ist nicht leicht. Ich habe für Sie einige Häuser ausgesucht, die diesem Suchraster entsprechen und Ihr Urlaubsbudget nicht allzu sehr belasten.

Das Raweekanlaya Bangkok

Adresse:	164 - 172 Krung Kasem Road
Anreise:	Airport Rail Link, Station Paya Thai. Dann mit dem Taxi.
Webseite:	https://www.raweekanlaya.com/
	Preis: ab 61 €

Dieses Hotel stammt aus dem späten 19. Jahrhundert und diente ursprünglich als Privatresidenz einer Gouvernante des thailändischen Königs Rama VI. Ich liebe die großzügige Grünanlage. In der Mitte spendet ein majestätischer 120 Jahre alter Banyan-Baum Schatten. Im Raweekanlaya wurde die typische Atmosphäre des alten Siam eingefangen. In jedem Zimmer schmückt ein thailändisches Gedicht eine Wand. In den luftigen, modernen, hell und in warmen Farben gestalteten Räumen werden Sie sich wohl fühlen.

Das Restaurant, gleichfalls in hellen Tönen gehalten, verwöhnt Ihren Gaumen mit ausgezeichnetem, thailändischem Essen. Was das Haus für mich neben der traumhaften Grünanlage auszeichnet: es bezaubert durch seine intime Atmosphäre. Wer der Hektik Bangkoks entkommen möchte, wird es mögen. Überdies bietet es meiner Ansicht nach das beste Preis-Leistungs-Verhältnis unter den Boutique-Hotels Bangkoks.

Mattana Suite

Garten mit Pool

Wer der Hektik Bangkoks entkommen möchte, wird es mögen. Überdies bietet es meiner Ansicht nach das beste Preis-Leistungs-Verhältnis unter den Boutique-Hotels Bangkoks.

Baan Vajra

Adresse: 18 Silom Soi 19
Anreise: Skytrain Silom Line,Station Surasak, Ausgang 1

Webseite: https://baanvajra.com/

Preis: 30 – 50 €

Mitten im boomenden Geschäfts- und Bankenviertel der Hauptstadt ein 100 Jahre altes Haus mit hölzerner Architektur zu finden, ist eine Seltenheit. Die antike Inneneinrichtung erinnert an das alte Siam. Die dunklen Hölzer harmonieren wunderbar mit den weißen Wänden und Möbeln. Man vergisst beinahe die Hochhäuser und das bunte, hektische Treiben ringsum.

Das Hotel verfügt nur über 16 Zimmer, die alle individuell eingerichtet sind. Sie verteilen sich auf das alte koloniale Holzhaus und ein frisch renoviertes Gebäude. Noch bis in die frühen Fünfzigerjahre standen in diesem Areal nur Häuser wie dieses – umgeben von lauter Grün und mit ein paar fest getretenen Wegen zwischen den Kanälen.

In dem kleinen Hotel kommen Sie beim Frühstück leicht ins Gespräch mit anderen Gästen. Das Personal ist immer freundlich und auch behilflich, wenn Sie Fragen haben, wie Sie am besten etwas in der Stadt finden.

Meine Wahl:

Die „Colonial private Suite“ (40 qm) mit Balkon im alten Holzgebäude für 55 €.

Bangkok Tree House

Adresse: 60 Moo I Soi Bua Phueng Pattana, Bang Krachao
Anreise: Skytrain Sukhumvit Line, Station Bang Na.
Dann mit dem Taxi weiter bis zum Wat Bang Na Hawk. Dort ist der Fähranleger.

Webseite: https://www.bangkoktreehouse.com/

Preis: ab 68 € (55 qm)

Das Bangkok Tree House ist einzigartig unter den Hotelangeboten der Hauptstadt. Ein Öko-Resort der Spitzenklasse. Es liegt im Ostteil der Halbinsel **Bang Krachao** (Seite 94) nur 10 Min. von den lärmenden Straßen Bangkoks entfernt. Diese Unterkunft verspricht Ihnen eine Art grünen Traumurlaub.

Das Tree House ist ein Platz für Individualisten. Sie können von hier aus zu Fuß über die Insel laufen. Mit dem eher jüngeren Publikum kommen Sie leicht ins Gespräch. Vielleicht unternehmen Sie dann gemeinsam Touren?

Auf Baumwipfel Höhe

Leihen Sie sich ein Fahrrad oder einen E-Scooter aus, um die Mangroven und dschungelartigen Wälder zu erkunden. Diese Abgeschiedenheit muss man mögen. Die 12 Wohnungen bestehen aus drei Stockwerken. Unten befindet sich das Badezimmer. In der ersten Etage das Schlafzimmer mit Klimaanlage.

Oben wartet eine Dachterrasse mit Hängematte für zwei Personen, oder ein großes Bett mit Moskitonetz gegen lästige Insekten. Von hier aus haben Sie einen herrlichen Ausblick über den Urwald Bang Krachaos und die Skyline Bangkoks – was besonders abends schön ist, wenn die Stadt einem Lichtermeer gleicht. Oder Sie genießen einfach den romantischen Sternenhimmel.

Das Essen im Restaurant ist passabel. Empfehlenswert ist aber auch die schöne Terrasse bei "Hiddenwoods" ganz in der Nähe. Tagsüber, wenn Sie einen Ausflug über die Halbinsel unternehmen, empfehle ich das Ozone Cafe mitten auf der Insel als beste Wahl für einen Snack und einen erfrischenden Drink .

„View with a room“

Blick zum Fluss

Shanghai Mansion Bangkok

Adresse: 479 - 481 Yaowarat Road, Chinatown
Anreise: U-Bahn, Blue Line, Station Wat Mankon, Ausgang

Webseite: https://www.shanghaimansion.com/rooms-in-bangkok/
Buchung: inquiry@shanghaimansion.com

Preise: ab 30 € (27 qm)

Dieses kleine, 1892 erbaute Boutique Hotel (76 Zimmer) mitten in der Chinatown Bangkoks überzeugt durch seinen unverwechselbaren Charakter. Das Haus ist ganz im Stil Shanghais der dreißiger Jahre eingerichtet. Jedes Zimmer ist individuell gestaltet, mit sehr viel Liebe zum Detail. Mit Lackarbeiten, Seide und geschnitzten kleinen Kunstwerken. Einige Zimmer sind allerdings fensterlos.

Im De Luxe Room ist die große freistehende Wanne ein Blickfang. Die Chaiselongue eignet sich wunderbar zum Ausruhen, Lesen und Entspannen.

Besonders beliebt sind die exzellenten Jazzabende in der Bar.

Sehr empfehlenswert ist außerdem das "Red Rose Restaurant", das vom Michelin Gastroführer als bestes chinesisches Lokal der Stadt bezeichnet wird.

Meine Wahl: De Luxe Room (39 qm) für 2159 THB (ca. 60 €)

Abends sind Sie nur ein paar Schritte vom Street Food Paradies Yaowarat Road entfernt. Das wunderbare Seafood Restaurant **T&K Seafood** (Seite 45) ist nur 100 m von diesem Hotel entfernt! Und wenn Sie etwas Edelmetall kaufen möchten: Es gibt rund 130 Goldgeschäfte in der Chinatown!

2. Bangkoks Luxushotels

Die Hauptstadt Thailands beherbergt einige Hotels, die zur Weltspitze zählen. Meiner Einschätzung nach gehören derzeit 15 Häuser in diese Kategorie. Ich möchte Ihnen drei vorstellen, die jeweils über einen eigenen Charakter verfügen und damit stellvertretend für andere Tophotels in der Hauptstadt stehen.

Aber Sie müssen nicht unbedingt für viel Geld ein Zimmer buchen, um diese sehenswerten Häuser zu erkunden.

Das Mandarin Oriental

Authors´ Wing

Adresse: 48 Oriental Ave.
Anreise: Skytrain Silom Line, Station Saphan Taksin, Ausgang 3

Webseite: https://www.mandarinoriental.com/en/bangkok/chao-phraya-river
Tel.: 0 2 659 9000

Dresscode: **„smart-casual“** demzufolge: keine Sandalen, ärmellose Hemden, abgetragene Jeans, Unterhemden.

Virtueller Rundgang: https://youtu.be/UdaBBGb3xHQ

Reservierung für den "Afternoon Tea" in der "Authors' Lounge": https://www.mandarinoriental.com/en/bangkok/chao-phraya-river/dine/the-authors-lounge

Viele Jahre lang galt das Oriental als bestes Hotel der Welt. 1876 gegründet nächtigten Könige und Präsidenten, Schriftsteller und Rockstars in diesem außergewöhnlichen Haus.

Wenn Sie ein Faible für den Charme vergangener Zeiten haben, ist das der Platz Ihrer Träume. Das Oriental ist teuer, keine Frage.

Sie können das unverwechselbare Flair dieses legendären Hotels auch genießen, ohne eines der teuren Zimmer zu buchen. Indem Sie sich zum Beispiel einen „Afternoon Tea“ für 40 € in der weltberühmten “Authors´ Lounge” (12:00 - 18:00 Uhr) gönnen.

Eine Teestunde ist in diesem ältesten Teil des Orientals sehr speziell. Es dominiert gediegener Luxus. Protzerei wird nicht gerne gesehen. In der Lounge geht alles etwas leiser zu. Natürlich gibt es auch wunderbare Scones mit importierter “Clotted Cream”. Überdies vielerlei andere Delikatessen, die vor allem auf die reiche Klientel aus Asien abzielen.

Wenn Sie schon einmal im Haus sind: nutzen Sie die Gelegenheit, von der eindrucksvollen Lobby bis zu den Terrassen am Fluss zu flanieren und den Duft der großen weiten Welt einzuatmen.

Chakrabongse Villas

Adresse: 396/1 Tatien, Maha Rat Road.
Anreise: U-Bahn Blue Line, Station Sanam Chai, Ausgang 1. Ansonsten an der Sathorn Pier vom Hotel eigenen Boot abholen lassen (Bei der Buchung bestellen oder telefonisch erbitten).

Webseite: https://chakrabongsevillas.com/

Tel.: 0 2222 1290 oder
E-Mail: reservation@chakrabongse.com
Preis: ab 230 € (Suite von 44 qm)

Sie suchen die Intimität eines luxuriösen Rückzugsortes mit königlichem Flair? Dann ist das Chakrabongse das richtige Hotel für Sie. 1908 wurde es von einem Sohn König Chulalongkorns (Rama V.) am Ostufer des Chao Praya erbaut. Noch heute führen seine Nachfahren das Haus.

Die exklusive Lage am Fluss bietet einen herrlichen Blick auf den gegenüberliegenden Wat Arun, den Tempel der Morgenröte. Ein unvergesslicher Anblick, insbesondere wenn er abends hell angestrahlt ist. Das Hotel liegt nur wenige Minuten zu Fuß von Thailands berühmtesten Tempel – dem Wat Pho – und dem Königspalast entfernt.

Es verfügt lediglich über 7 Zimmer bzw. Suiten. Diese vermitteln eine Intimität, die Sie ansonsten in solch exzellenter Lage in Bangkok kein zweites Mal finden können. Jeder Raum wurde individuell gestaltet und durch Elemente des alten Siam verziert. Den Innenraum schmücken Teak Möbel, hochwertige Seiden-Decken und -Kissen, sowie kunstvolle Schnitzereien an den Wänden.

Thai House Suite

Restaurant Blick auf Wat Arun

Die wenigen Zimmer des Chakrabongse sind sehr begehrt – Sie sollten also früh buchen. Am Abend bietet die Terrasse des Speiselokals am Chao Praya einen atemberaubend schönen Blick auf den hell erleuchteten Wat Arun. Die Gerichte nach Rezepten der "Royal Thai Cuisine" sind ausgezeichnet! Nur wenige Minuten vom Chakrabongse entfernt, finden sie weitere Top

Restaurants mit herrlichen Terrassen am Fluss, wie etwa den "Supanniga Eating Room" oder "The Deck" in der Arun Residence.

Meine Wahl: die traumhafte 129 qm große "Riverview Suite" aus Teakholz. Von ihrer privaten Veranda aus blickt man auf den eindrucksvollen Wat Arun. (422 €)

Das Banyan Tree

Adresse: 21/100 S Sathorn Rd.
Anreise: Metro Blue Line, Station Lumphini, Exit 2

Webseite: https://www.banyantree.com/thailand/bangkok

Preise: ab 145 €

Bad mit traumhafter Aussicht

Das Banyan Tree ist eine weitere Hotel-Legende in Bangkok. In den oberen Stockwerken genießen Sie einen unvergleichlichen Ausblick über die Stadt. Ein besonderes Highlight: Das großzügige, luxuriöse Badezimmer verfügt zur Stadtseite hin über eine sichtgeschützte, große Glasfront.

Unmittelbar davor steht eine einladende Badewanne. Alles in diesem Haus entspricht einem exzellenten 5-Sterne Niveau.

Was das Banyan Tree einmalig macht, ist eine der berühmtesten Sky Bars der Welt. Die Moon Bar liegt in der 61. Etage.

Moon Bar und Vertigo Restaurant

Die klare Abendluft genießen, sich von der wundervollen Aussicht über das nächtliche Bangkok einfangen lassen und mit einem Cocktail in der Hand den Augenblick auskosten, was kann man sich für einen besonderen Urlaubsabend mehr wünschen?

C. Weltklasse! Bangkoks Restaurants, Sky Bars und Street Food

I.Fantastisches Essen für jeden Geschmack

Bangkok bietet – neben den bei Touristen beliebten, leider aber oft überteuerten Restaurants – viele Lokale, in denen hervorragende Qualität zu normalen Preisen angeboten wird. Unabhängig davon, ob sie nun thailändische Spezialitäten zubereiten oder "ausländische" Küche. Ob Sie nun saftige Steaks in einem bekannten amerikanischen Restaurant probieren oder in einer einfachen hölzernen Bar am Fluss entspannen möchten.

Bangkok 2023

Vielleicht suchen Sie im Urlaub zum Frühstück statt Toast zumindest einmal herzhafte Brötchen wie daheim. Oder Sie möchten versteckte schlichte Restaurants mit toller Küche entdecken, in denen Angestellte aus der Nachbarschaft mittags essen gehen.

Wenn Sie nicht genug von den schmackhaften thailändischen Gerichten bekommen: Lernen Sie in der Kochschule eines Top-Restaurants, solche Spezialitäten selbst zuzubereiten. Damit können Sie dann die daheim Gebliebenen nach dem Urlaub verwöhnen.

Landhaus Bakery

Adresse:	18 Phahon Yothin Soi 5
Anreise:	U-Bahn, Blue Line, Station Ari, Ausgang 1.
Öffnungszeiten:	Dienstag - Sonntag 07:00 – 19:00 Uhr
Webseite:	https://landhaus-bakery-bangkok.com/de
Facebook:	https://www.facebook.com/Landhausbakeryari
Buchung:	086 889 9210
Preise:	Kaffee: 2 € Komplettes Frühstück: 9 €

Entspannt Frühstücken ist Ihnen wichtig? Natürlich muss man im Urlaub Kompromisse schließen. Zum Beispiel sich im Hotel mit amerikanischem Frühstück und Toast zufriedengeben.

Ich freue mich jedoch, wenn ich von Zeit zu Zeit ein Frühstück mit knusprigen Brötchen und richtigem, geschmackvollem Brot wie zuhause verspeisen kann. Dazu leckere Wurst, Käse oder auch eine Laugenbrezel - in einem schönen Gartenlokal.

Genau dafür liebe ich die deutsch-österreichische "Landhaus Bakery", die es erst seit 2018 gibt.

Jacks´s Bar

Adresse:	Jack's Bar, Soi Wat Suan Plu
Anreise:	Skytrain Silom Line, Station Saphan Taksin, Ausgang 3. Dann 250 m in die Charoeng Krung bis links ein schmaler Weg (Wat Suan Phlu Alley) zu Jack´s Bar führt.
Öffnungszeiten:	11:00 – 01:00 Uhr
Webseite:	https://www.facebook.com/xleksilombar
Preise:	Essen ab 150 THB (4 €)

Chillen am Chao Praya

Sie möchten am Abend den Sonnenuntergang am Chao Praya erleben? Mit einem Drink oder einem Snack in der Hand? Ohne sich einem Dresscode beugen zu müssen? Und das zu normalen Preisen?

Wenn mir so zumute ist, besuche ich diese schlichte Bar am Fluss, mit ihren Plastikstühlen und einfachem Geschirr, einer Holzterrasse und rustikaler Einrichtung. Wie mir geht es vielen Expats, die man hier nach Arbeitsschluss auf einen "Absacker" trifft. Und mit denen man gut ins Gespräch kommt. Fragen Sie ruhig nach besonderen Tipps jenseits ausgetretener Pfade. Sie werden erfahren, dass nicht nur die Thailänder freundlich und hilfsbereit sind.

Mittlerweile haben aber auch Touristen den schmalen Weg zur Bar hinter dem Shangri La entdeckt. Auch Hotelgäste aus den benachbarten Häusern mögen die entspannte Atmosphäre. Also besser frühzeitig einen Platz sichern!

Sehr empfehlenswert: die regelmäßigen Live-Musik-Abende. Fragen Sie einfach nach dem nächsten Konzert und reservieren Sie einen Platz! Dann werden Sie in der kleinen Bar überwiegend jüngeres Publikum treffen. Einheimische aus der näheren Umgebung mögen diese Abende mit Livemusik.

Versteckt - der Eingang zu Jacks´ Bar

Der Abend beginnt

My Grandparent's House

Adresse:	253 Somdet Chao Phraya 3 Alley
Anreise:	Pier Saphan Taksin, Express Boot bis zur Pier N 6 Memorial Bridge. Über die Brücke und dann links am Fluss Ufer entlang bis zum hölzernen Haus.
Öffnungszeiten:	täglich (außer Mittwoch) 10:00 - 18:00 Uhr
Webseite:	https://m.facebook.com/mygpshouse
Preise:	ab 50 THB (1,50 €)

Dieses Haus ist wahrlich geschichtsträchtig. Und überzeugt durch einen ganz eigenen Charme. Vor mehr als 90 Jahren wurde es von einer chinesischen Familie als Bürogebäude errichtet. Anschließend diente es viele Jahre deren Geschäftspartnern und Familienangehörigen als zeitweilige Unterkunft.

Direkt neben einem beliebten chinesischen Tempel

Entspannt am Chao Praya - ein Geheimtipp!

Ihre Nachkommen führen das Haus jetzt als Café. Die Inneneinrichtung und die Bilder an der Wand spiegeln diese Geschichte wider.

Da nur wenige Touristen das alte Haus mit der herrlichen Terrasse am Flussufer kennen, finden Sie relativ leicht einen Platz, um bei einem Snack und einem Kaffee die wunderbare Aussicht auf sich wirken zu lassen.

Das Personal wird sich freuen, wenn mal ein ausländischer Tourist diesen schönen Platz entdeckt. Und Sie gerne bei der Auswahl eines kleinen Snacks beraten.

Das Café bietet sich auch als Zwischenstopp an, wenn Sie den kleinen "**Schildkröten Park**" (Seite 141) am Wat Prayun nahe der Memorial Bridge besuchen möchten. Sehr empfehlenswert!

Ong Tong Khao Soi

Adresse:	Ong Tong Khao Soi, 21 Phahon Yothin Soi 7
Anreise:	Skytrain Sukhumvit Line, Station Ari, Ausgang 3.
Öffnungszeiten:	täglich 09:00 – 20:30 Uhr
Webseite:	https://www.ongtongkhaosoi.com/
	Preise: ab 3 €

Die thailändische Suppe Khao Soi wurde im August 2022 vom internationalen "Tasteatlas" Magazin zur weltweit besten Suppe gekürt. Sie zählt auch zu meinen Favoriten. Die Basis bildet eine würzige, cremige Brühe aus Kokosnussmilch und rotem Curry. Unvergleichlich, wie Süße und Schärfe mit der leicht salzig-sauren Note der Brühe harmonieren! Nirgends habe ich

diese Ausgewogenheit besser gefunden als im Ong Tong.

Sie wird mit flachen Eiernudeln und Fleisch (nach Wahl Rind, Huhn oder Schwein) aufgefüllt. Als Topping werden gebratene Nudeln und frischer Koriander beigefügt. Meine Lieblingssuppe ist die "Khao Soi Gai", die Variante mit Huhn. Und dazu Poo Oung: eine Krabbencreme aus den Reisfeldern des Isaan, die es nur während der Regenzeit gibt. Präsentiert in kleinen Muschelschalen - ein Genuss! Ich kann das Ong Tong nur wärmstens empfehlen!!

Bourbon Street Restaurant & Oyster Bar

Adresse:	Sukhumvit Soi 63, Ekkamai
Anreise:	Skytrain Sukhumvit Line, Station Ekkamai, Ausgang 1.
Öffnungszeiten:	täglich 07:00 – 00:00 Uhr
Webseite:	https://www.bourbonstbkk.com/
Facebook:	https://www.facebook.com/bourbonstbkk/
Preise:	amerikanisches Frühstück ab 6€

Das Bourbon Street ist eine Institution in Bangkok. Seit vielen Jahren wird es als bestes amerikanisches Restaurant der Stadt gerühmt: als "american expats watering hole". Ich liebe dieses Lokal und fühle mich hier "zuhause". Oft trifft man Mitglieder der US-Gemeinde nach der Arbeit, jedoch kaum Touristen. Wenn Sie am Tresen Platz nehmen kommen Sie leicht mit einem der freundlichen Expats ins Gespräch.

Das Bourbon Street bietet authentisches "Cajun Food", basierend auf der Küche von Louisiana. Die Steaks sind legendär. Ich liebe vor allem morgens das amerikanische Frühstück und dabei die "Bangkok Post" zu lesen. So kann der Tag beginnen.

Nachos mit Käse überbacken, Guacamole und Salsa Soße

Buffalo Chicken Wings mit "Cole Slaw" (Weißkraut Salat).

Am Abend kommen dann die exzellente, würzige "Shrimp Bisque" oder die saftigen Black Angus Burger auf den Teller. Vorab probiere ich gern Nachos, einfach mit Käse überbacken oder mit Rinderhack und Cheddar .

Dienstags ist das Bourbon Street besonders gut besucht, wenn zum mexikanischen "all you can eat" Buffet geladen wird (9 €).

Thipsamai

Adresse: 315 Maha Chai Rd.
Anreise: U-Bahn: Blue Line, Station Sam Yot, Ausgang 1

Öffnungszeiten: täglich außer dienstags 10:00 – 00:00 Uhr

Webseite: https://thipsamai.com/home/

Preis: ab 50 THB (1,50 €)

Sie mögen Pad Thai, eines der bekanntesten Gerichte der thailändischen Küche? Dann sollten Sie dem Thipsamai unweit des berühmten „Giant Swing“ unbedingt einen Besuch abstatten. In meinen Augen ist es das beste Restaurant für dieses Gericht in Bangkok. Oder Sie besuchen die Filiale im Food Court des Siam Paragon.

Die perfekt zubereiteten Nudeln haben noch Biss, mit der leichten Säure des Zitronensafts harmoniert die Süße von ein wenig Zucker, das Ei ist fluffig gebraten und gekrönt wird diese Spezialität von frischen, köstlichen, saftigen Shrimps.

Pad Thai mit Ei und Shrimp

Klassisches Pad Thai

Ein Grund für die außerordentliche Beliebtheit von Pad Thai bei Touristen: Im Unterschied zu vielen anderen Gerichten in Thailand spielen bei diesem Rezept Chillies keine wichtige Rolle. Die Grundzutaten sind Reisnudeln, Eier, Sprossen und Erdnüsse.

Das Thipsamai hat dieses Gericht durch die besondere Ausgewogenheit der unterschiedlichen Geschmacksnoten von süß über sauer bis zu leichter Schärfe zur Perfektion entwickelt. Unter den zahlreichen Varianten, die angeboten werden, liebe ich besonders das Pad Thai mit Shrimps, Öl und Ei.

Stay Cafe

Adresse: 72/1, Ratchaprarop Road
Anreise: Skytrain Sukhumvit Line, Station Victory Monument, Ausgang 2

Öffnungszeiten: täglich 11:00 – 23:00 Uhr

Buchung: 0 925637960

Webseite: https://www.facebook.com/thestaycafe

Preise: z. B. Lunch Buffet: nur 9 €
1 ganzes Tandoori Chicken: 12 €
Mango Lassi: 1,80 €

Dieses preisgünstige indische Restaurant wird von dem bekannten Thailand-Blogger **@BangkokPat** (https://www.youtube.com/c/BangkokPat?app=desktop) als bestes seiner Art in der Stadt gepriesen. Die meisten anderen Häuser mit indischer Küche sind wesentlich teurer, wenngleich nicht wirklich besser.

Wenn Sie ein Liebhaber der indischen Familienküche sind, wird Sie das „Stay Café" begeistern! Das Tandoori Chicken fällt buchstäblich vom Knochen. Das Mango Lassi schmeckt unvergleichlich fruchtig. Ausgezeichnet sind bei dem Besitzer Mr. Sam auch das „butter chicken" und das frische Naan Brot.

Nattaporn Ice Cream

Adresse:	94 Phraeng Phuthon Road	
Anreise:	U-Bahn Blue Line, Station Sanam Chai, Ausgang 2.	
Öffnungszeiten:	täglich außer Sonntag:	09:00 – 17:00 Uhr
	Preise:	Eiskugel 1 €

Vermutlich mögen auch Sie in der brütenden Hitze Bangkoks gern ein leckeres, erfrischendes Eis.

Alteingesessen und für seine hervorragende Qualität bekannt, ist das kleine Nattaporn unweit des Palastes in der Altstadt. Bei den Einheimischen ist es vor allem für seine köstlichen Fruchteissorten beliebt.

Ich mag neben dem cremigen Kokosnuss-Eis insbesondere das zarte, grüne Matcha-Eis, oder das herrlich süß-fruchtige Mango-Eis.

Kleiner Tipp: Gerade wenn Sie mit Kindern rund um Wat Pho und Königspalast unterwegs sind lohnt sich ein Besuch, da das Nattaporn nur ca. 400 m östlich des Palastes liegt. Die Kleinen werden es Ihnen nach so viel Kultur danken;) Und das Stadtviertel lohnt den Spaziergang!

Blue Elephant Restaurant und Kochschule

Adresse: 233 S Sathorn Rd.
Anreise: Skytrain Silom Line, Station Surasak, Ausgang 4.

Öffnungszeiten: 11:30 – 22:00 Uhr

Webseite: https://blueelephant.com/restaurant/bangkok
Kochschule: https://blueelephant.com/cooking-school/

Preise: z.B. das 6 - Gänge "Thainess" Menü: 1.530 THB (40 €)

Kochschule: Vormittag 2.800 THB (80 €)
Nachmittag 2.500 THB (70 €)

Das "Blue Elephant" gehört gleich aus mehreren Gründen in meine Empfehlungsliste.

Es befindet sich zum einen in einem wunderschönen 120 Jahre alten historischen Gebäude. Zum anderen ist es ein Top-Restaurant mit vernünftigen Preisen (und einer Michelin Empfehlung).

Chefin Khun Nooror

Zusätzlich beherbergt das "Blue Elephant" unter der Leitung der umtriebigen und kreativen Nooror Somany Steppe eine der besten Kochschulen der Stadt. Ich habe sie selbst 2008 eine ganze Woche durchlaufen.

Sie lernen ein exzellentes Menü zu kochen, welches Sie anschließend im Restaurant zusammen mit den anderen Kursteilnehmern verspeisen dürfen. Neben den aktuellen Rezepten werden Ihnen viele Fertigkeiten und Kenntnisse über thailändische Gewürze, Gemüse und Fisch vermittelt.

Alle Zutaten am Platz!

Meine Kochstelle!

Selbst nach einem nur halbtägigen Kurs sind Sie gewappnet, sich zurück in Deutschland erfolgreich an die thailändische Küche zu wagen.

Die Menüs, die Sie im Restaurant serviert bekommen, basieren auf Rezepten der sog. "Royal Thai" Küche. Chefin Khun Nooror hat sie allerdings verfeinert und an den modernen Geschmack angepasst. Ein Abend im Blue Elephant wird Ihre Geschmacksknospen verwöhnen!

2. Seafood vom Feinsten

Bangkok liegt nur eine Stunde vom Meer entfernt. Fische und Krustentiere bekommen Sie hier also frisch auf den Tisch. Da Thailänder sehr gerne “Seafood” essen, finden Sie entsprechende Restaurants im gesamten Stadtgebiet. Und das in der Regel zu Preisen, von denen wir in Deutschland träumen.

Oft haben die Restaurants vor der Tür eisgekühlte Auslagen, in denen sie Fische, Shrimps und Langusten zeigen. Ab und an können Sie sogar selbst auswählen, was für Sie zubereitet werden soll. Da wir in Deutschland meist nur gefrorene Ware erhalten, sind wir darin ungeübt, frische Ware zu erkennen.

Deshalb vorab einige Tipps für Sie:

Wie erkennen Sie frischen Fisch?

Der Fisch muss vorgewölbte, klare, glänzende Augen haben. Wenn sie trüb und eingesunken sind: Finger weg!

1. Der Fisch ist frisch, wenn er hinter den Kiemen hellrot und feucht ist! Wenn er an dieser Stelle trocken ist oder die Farbe ins Bräunliche geht: Nichts für Sie!
2. Auf der Haut sollte eine leichte, frisch glänzende Schleimschicht zu sehen sein.
3. Wenn man mit einem Finger das Fleisch leicht eindrückt, sollte es elastisch reagieren!
4. Frischer Fisch sollte nicht nach Fisch riechen, sondern nach Meer!! Sonst ist er schon ein paar Tage alt.

Wie erkennen Sie gute Qualität bei Shrimps?

Bangkok 2023

Frisch!

1. Der Shrimp muss samt Beinen durchscheinend bzw. transparent sein!
2. Die Fühler sind lang, gerade und fest.
3. Geruch: nach Meer, nicht "fischig"!
4. Shrimps müssen fest aussehen, also nicht schlabberig herunterhängen.

Nicht frisch!

1. Der Shrimp sieht weiß aus.
2. Der Panzer hat eine milchige Farbe.
3. Am Kopf zeigen sich orangefarbene Streifen.
4. Shrimp hat eine leicht grünliche Farbe: WEG DAMIT!
5. Die Fühler hängen runter wie die Zweige einer Trauerweide.
6. Wenn Sie die Shrimps in die Hand nehmen, hängen sie schlaff herunter wie ein Waschlappen!

Bangkok 2023

Lek & Rut Seafood

Adresse: Phadung Dao Road, Yaowarat (gegenüber T&K Seafood)

Anreise: U-Bahn Blue Line, Station Wat Mangkon, Ausgang 1.

Öffnungszeiten: täglich 17:30 – 02:00 Uhr

Besprechung: https://www.eatingthaifood.com/lek-rut-seafood-restaurant-bangkok/

Preise: ab 50 THB (1,50 €)

Eigentlich besteht Lek nur aus einem Küchenraum am Straßenrand. Abends, wenn Tische und Stühle auf dem Bürgersteig aufgebaut sind, ist es jedoch ein pulsierendes, großartiges Restaurant. Lek und T&K Seafood sind nicht nur Nachbarn, sie sind auch Konkurrenten. Als Besucher kann man das Personal der beiden Restaurants leicht unterscheiden: Bei Lek sind alle rot gekleidet, bei T&K grün.

Bei Lek mag ich die kleinen gebratenen Shrimp-Küchlein mit einer süßen Pflaumensauce. Außerdem die Süßwasser-Shrimps, die man in die frisch zubereitete grüne Seafood-Sauce dippen sollte! Qualitativ kochen Lek und T&K Seafood auf gleich gutem Niveau.

T&K Seafood

Adresse: 51 - 469 Yaowarat Rd.
Anreise: U-Bahn Blue Line, Station Wat Mangkon, Ausgang 1.

Öffnungszeiten: täglich 16:00 – 02:00 Uhr

Webseite: https://www.facebook.com/tkseafood/

Buchung: 0 2 223 4519

Preise: ab 150 THB (4 €)

Dieses Seafood Restaurant ist für mich etwas Besonderes. Seit Jahren gehe ich hier allein oder mit Freunden essen. Bisher war ausnahmslos jeder begeistert.

Warum ich T&K so sehr mag? Sicherlich auch, weil es das erste Seafood Restaurant in der Chinatown war, dass ich testete und das mich überzeugte. Es ist also etwas Persönliches.

Außerdem ähnlich wie im Lek & Ruth: Die Frische der Produkte, ihre herausragende Qualität und die hervorragende Zubereitung sind jedes Mal aufs Neue ein Erlebnis. Und all das immer noch zu akzeptablen Preisen.

Gleichbleibende Qualität in der Gastronomie ist so flüchtig wie ein gutes Parfum! Der gedünstete "White Snapper" im Zitronen-Knoblauchsud ist eine Offenbarung.

Die knackig frischen, köstlichen Fluss-Shrimps sind die besten, die ich außerhalb von Ayutthaya kenne. Die Tom Yam Goong ist voller Seafood (in anderen Restaurants musste ich schon manches Mal in der Suppe suchen).

Ich empfehle, einen Tisch im Parterre-Geschoss zu reservieren. Auch wenn man etwas eng sitzt: Hier sehen Sie, wie vor der Tür das köstliche Seafood gegrillt wird. Das Essen gelangt auf kürzestem Weg auf Ihren Teller. Sie sitzen mitten im Geschehen.

Baan Pu Khai Dong Seafood (Bang Na)

Adresse:	6011 Bang Na-Trat 32 Alley, Bang Na
Anreise:	Skytrain Sukhumvit Line, Station Bang Na, Ausgang 1.
Öffnungszeiten:	täglich 11:30 – 22:00 Uhr
	Buchung: 09 91195993
Webseite:	https://www.facebook.com/Baanpookai1345
	Preise: ab 150 THB (4 €)

Das Baan Phu Khai Dong ist für mich das beste Seafood Restaurant in Bangkok. Lassen Sie sich nicht davon abschrecken, dass es etwas weiter entfernt von der Innenstadt liegt. Mit dem **Skytrain** benötigen Sie z.B. vom Siam Square aus 28 Min. bis zur nächstgelegenen Station Bang Na. Wenn Sie mit Kindern in Bangkok unterwegs sind, können Sie ihr Abendessen hier gut mit einem Besuch im **Pororo Aquapark** (Seite 184) auf der anderen Straßenseite verbinden. Oder mit dem Besuch der Halbinsel **Bang-Krachao** (Seite 94).

Das Pu Khai Dong verdient sein Einkommen nicht durch Touristen, sondern durch Einheimische, die so nah an der Küste viel von Fisch verstehen. Es kann Ihnen also passieren, dass Sie die einzigen Ausländer im Lokal sind und freundlich bestaunt werden. Die Speisekarte gibt es auch auf Englisch. Dass alle Gerichte bebildert sind, wird Ihnen die Auswahl erleichtern. Fragen Sie ansonsten ruhig das Personal, ob es an diesem Tag etwas Besonderes zu empfehlen gibt. Der Besitzer ist selbst Fischer.

P´Note, der Chef mit seinem Team

Gebratener Fisch mit Sauce aus grünen Mangos. Traumhaft!

Er ist vor allem in den Gewässern Süd-Thailands unterwegs. Seinen Fang bringt er ins Restaurant. Und das bedeutet neben garantierter Frische der Produkte auch immer wieder: Überraschendes auf den Teller zu bekommen! Wenn man Glück hat, bringt er z. B. einen großen Zackenbarsch mit,, der ansonsten in den Seafood-Restaurants Bangkoks schwer zu finden ist. Ich mag besonders das gebratene Fischfilet mit einer traumhaften leicht säuerlichen Soße aus grünen Mangos.

Göttlich schmeckt auch der Pfeffer-Krebs, der erst kurz angebraten und dann mit Knoblauch, Chillies und Zweigen grünen Pfeffers im Wok fertig gegart wird.

Sornthong Pochana

Adresse:	2829 - 31 Rama 4 Rd.
Anreise:	U-Bahn Blue Line, Station Queen Sirikit, Ausgang 1.
Öffnungszeiten:	12:00 – 23:00 Uhr
Webseite:	https://www.facebook.com/SornthongPochana/
Menü:	http://sornthong.com/menu.php
	Preise: ab 200 THB (6 €)

Seit mehr als 20 Jahren überzeugt dieser Familienbetrieb, der Seafood in bester Qualität bietet. Das merken Sie auch am allabendlichen großen Andrang.

Die Gäste sind zumeist Einheimische. Was für das Porchana spricht.

Besonders empfehlenswert ist der Knoblauch-Chili-Krebs (1 kg = 43 €). Aber auch die gebratenen Austern und das himmlisch schmeckende Wassermimosen-Gemüse sind ein Genuss!

Der Snowfisch mit Sojasauce (100 g 6 €) zergeht auf der Zunge.

Meine Empfehlung: Probieren Sie sowohl den Snowfisch, der unvergleichlich schmeckt, als auch den Chili-Krebs.

Here Hai Seafood

Adresse:	112/1 Soi Sukhumvit 63
Anreise:	Skytrain Sukhumvit Line, Station Thong Lor, Ausgang 3
Öffnungszeit:	10:00 – 15:00 Uhr, 16:00 – 17:30 Uhr. Montag und Dienstag geschlossen
Webseite:	https://www.facebook.com/herehaifoods/?ref=page_internal
	Preise: ab 100 THB (3 €)

Kurz vor der Tür warten…

Das Here Hai ist eine Perle unter Bangkoks Seafood Restaurants. Wobei man es durchaus auch unter der Kategorie Street Food listen kann, da die Besucher vor allem wegen eines Gerichtes hierherkommen.

Gebratener Reis mit jeder Menge Krebsfleisch (Crab Fried Rice). Und zwar nicht Resten, sondern große Stücke z.B. aus den Scheren! Mindestens genauso exzellent ist das fluffige Omelett mit Krebsfleisch.

Da dieses kleine Restaurant bei Kennern so berühmt ist, kann es sein, dass Sie draußen schon einmal 20 Minuten auf den Einlass warten müssen. Einfach gleich nach der Ankunft vor dem Lokal draußen in die Liste eintragen. Sie werden dann von einem freundlichen Kellner aufgerufen, wenn Sie an der Reihe sind.

3. Bangkoks Sky Bars

Es gibt in dieser meist besuchten Stadt der Welt mittlerweile mehr als 40 Sky Bars. Welche Sie besuchen möchten, ist eine Frage des persönlichen Geschmacks. Aber es hängt natürlich auch davon ab, wie viel Geld Sie ausgeben möchten.

Meiner Meinung nach können Sie einen entspannten Urlaubsabend nicht besser beginnen als mit dem Besuch einer dieser herrlichen Rooftop Bars.

Alternative Sky Bars – preiswert und ungezwungen

Einen Drink zum Sonnenuntergang über den Dächern von Bangkok zu genießen, muss kein Vermögen kosten. Vielleicht noch wichtiger: nicht überall ist ein „Dresscode" Pflicht! Zum Glück! In manchen Rooftop Bars können Sie ein Bier schon für 3 € genießen!

Swing Bar

Adresse: 88/4 - 89, Siri Phong Road, Rooftop Floor, 6. Etage
Anreise: U-Bahn Blue Line, Station Sam Yot, Ausgang 3

Öffnungszeiten: 17:00 – 23:00 Uhr

Webseite: https://www.facebook.com/swingbarbkk/

Preise:

Singha Bier:	4,50 €
Chicken Wings:	5 €
Tom Yam Goong Suppe:	6 €

Die idyllische, kleine Rooftop Bar finden Sie in der Altstadt nur ca. 1 km östlich des Königspalastes mit direktem Blick auf den bekannten "Giant Swing" (die Riesenschaukel).

Und gleich nebenan ist der berühmte **Wat Suthat Thepwararam Ratchaworahawihan** (Seite 157). Die Bar gehört zum Chiang Cha Hostel. Um zur Rooftop Bar zu gelangen, können Sie einfach die Lobby durchqueren und gleich zur Rooftop Bar hinauffahren. Auch ohne Gast im Hostel zu sein!

Kein Dresscode!

Am eindrucksvollsten sind die Plätze an der Balustrade in der oberen Etage mit Blick auf den "Giant Swing".

Die Swing Bar wird von Gästen des Hostels aber auch von vielen jungen Einheimischen besucht. Mit denen Sie leicht ins Gespräch kommen können. Thailänder freuen sich immer, wenn Ausländer ihr Land und ihre Hauptstadt besuchen. Umso mehr, wenn Sie ihnen das Gefühl geben, Ihnen mit kleinen Ratschlägen weiterhelfen zu können. Es geht gelassen zu. Das Bier ist lecker, kühl und preiswert für eine Sky Bar. Und auch das Essen ist günstig.

Heaven Rooftop Bar & Lounge

Adresse: Silom Plaza, 491/43 - 44 Silom Rd., 8. Etage
Anreise: Skytrain Silom Line, Station Chong Nongsi, Ausgang 3.

Öffnungszeiten: 17:00 – 02:00 Uhr
Webseite: https://www.facebook.com/heavenrooftopofficial/

Preise:

Bier:	4	€
Wein:	5	€
Cocktail:	6,50	€

Kein Dresscode!

Diese Bar befindet sich in der 8. Etage und wird überwiegend von Einheimischen besucht. Von der Terrasse des "Heaven" aus hat man einen faszinierenden Ausblick in das Areal zwischen Silom und Sathorn Road.

Was ich überdies schätze: Die zwanglose Atmosphäre ist wohltuend.

Die Bar glänzt außerdem mit einem sehr guten Ausblick auf den eindrucksvollen King-Power-Turm (mit 313 m Bangkoks zweithöchstes Gebäude), der mich immer an eine angeknabberte Salzstange erinnert.

Sie können auch kleinere Thai-Gerichte zu vernünftigen Preisen genießen. Viel jüngeres Publikum aus dem nahen gelegenen Banken- und Geschäftsviertel kommt nach der Arbeit auf einen „Absacker" hierher oder um einen schönen Abend zu genießen. Mischen Sie sich einfach unters Publikum. Sie werden leicht nette Kontakte finden.

342 Bar

Adresse: 342 Soi Wat Rakhang Arunamarin 18 Prannok Road). (Sie befindet sich im Wanglan Riverside Hotel, 5. Etage).

Anreise: Express Boot von der Sathorn Pier N 10 Prannok (Westseite des Chao Praya).

Öffnungszeiten: 16:00 – 24:00 Uhr

Webseite: https://www.facebook.com/342Bar

Buchung: 0 82 342 7778 oder
E-Mail: 342bar.bangkok@gmail.com

Preise:

Bier:	6 €
Cocktail:	9 €
Chicken Wings:	6,50 €

Happy Hour: Freitag – Sonntag bis 20 Uhr (Cocktails: 2 für 1)

Kein Dresscode!

Diese wunderbare Terrassen-Bar in der 5. Etage des Wanglang Riverside Hotels befindet sich am Westufer des Chao Praya. Ich habe sie wegen ihres spektakulären Ausblicks auf die Altstadt, den Königspalast und Wat Pho mit in diese Liste aufgenommen.

Manchmal sitze ich hier abends mit Freunden zusammen, genieße Essen und Trinken, beobachte die vorbeifahrenden Schiffe und erfreue mich an diesem exzellenten Postkarten-Panorama. Außerdem ist die "342" preisgünstiger im Vergleich zu vielen anderen Sky Bars.

Ich empfehle Ihnen, vorab telefonisch einen der schönen Plätze am Fluss zu reservieren.

View Rooftop Bangkok Bar

Adresse: Novotel Bangkok Platinum Pratunam, 220 Phetchaburi Rd., (Nur 5 Min. vom Central World Einkaufszentrum entfernt), 9. Etage

Anreise: Skytrain Sukhumvit Line, Station Chit Lom, Ausgang 1.

Öffnungszeiten: 15:30 – 01:30 Uhr
Happy Hour: 17:00 – 19:00 Uhr (2 für 1)

Webseite: https://viewrooftopbarbangkok.com/

Preise: Mojito: 9 €
Chicken Wings: 7,50 €

Das "View" ist modern und geschmackvoll eingerichtet. Zum Sonnenuntergang komme ich gerne zur Happy Hour auf einen Mojito hierher.

Man sitzt im 9. Stock, die Luft ist gut und der Ausblick auf das Areal rund um das Central World Einkaufszentrum sind mehr als lohnend.

Ich mag es, hier auf einem Sitzkissen zu chillen und etwas Leckeres aus der Karte auszuwählen. Ich komme gerne zum Ende einer kleinen Shopping Tour hierher. Und das Go Ang Pratunam mit dem besten Hainan Chicken der Stadt ist auch nur wenige Meter entfernt.

Scarlett Bar & Restaurant (im Pullman Hotel)

Adresse:	Pullman Bangkok Hotel G, Silom Road, 37. Etage	
Anreise:	Skytrain Silom Line, Station Chong Nongsi, Ausgang 3.	
Öffnungszeiten:	17:00 –24:00 Uhr	
	Happy Hour:	17:00 – 19:00 Uhr
	Buchung:	02 968607990
Webseite:	https://viewrooftopbarbangkok.com/	
	Preise:	Bier 3 €
		Wein 3 €

Das Scarlett im 37. Stock des Pullman Bangkok Hotels ist keine Rooftop Bar im eigentlichen Sinne, aber die Front flusswärts ist komplett offen. An der gläsernen Balustrade können Sie ihren Wein mit Blick auf das nächtliche Bangkok Richtung Chao Praya genießen.Es lohnt sich, die Scarlett Bar für einen ersten abendlichen Drink auszuwählen, da sie dank ihrer Happy Hour zu den preiswertesten Sky Bars in der Stadt zählt. Weiterer Vorteil: Sie ist nie überfüllt.

Außerdem verfügt sie über ein exzellentes Restaurant mit französischer Inspiration. Der Snowfisch ist eine Offenbarung (30 €). Die Steaks vom australischen Wagyu sind buttrig zart und schmecken himmlisch (45 €). Die Weinauswahl zählt zum Besten, was Sie in diesem Teil Bangkoks finden können (Ausnahme: die „**Red Sky Bar**“).

Legendäre Sky Bars

Vor vielen Jahren habe ich erstmals eine Rooftop Bar besucht: die berühmte Sky Bar im Lebua Hotel mit dem eindrucksvollen goldenen Dom. Man kann das Hochhaus schon von Weitem sehen.

Ich war erschöpft vom langen Flug. Als ich im 63. Stock aus dem Aufzug stieg und aus dem Dom auf die Terrasse hinaustrat, war ich überwältigt. Die Luft war frisch und angenehm kühl. Die runde, gläserne Bar mit der halbhohen durchsichtigen Balustrade am anderen Ende der Dachterrasse ein Blickfang. Die Aussicht über das abendliche Bangkok war atemberaubend!

An einem der folgenden Abende besuchte ich gleich noch die Moon Bar im Banyan Tree Hotel an der Sathorn Road. Ebenfalls unvergesslich.

Sky Bar im Lebua Tower

Adresse: 1055 Silom Road, 63. Etage
Anreise: Skytrain Silom Line, Station Saphan Taksin, Ausgang 3.

Öffnungszeiten: 16:00 – 01:00 Uhr
Buchung: 02 624 9999 oder
E-Mail: dome@lebua.com

Webseite: https://lebua.com/restaurants/sky/

Preise: Cocktail oder ein Glas Wein 30 € !

Dresscode: **"smart casual",** also keine Flip-Flops oder Sandalen, keine Shorts und keine ärmellosen Hemden.

Diese Sky Bar hat Maßstäbe gesetzt: weltweit! Als ich vor vielen Jahren begann, meinen Ankunftstag stets ebenda mit einem Drink zu genießen, traf ich überwiegend "Expats", also in Thailand lebende Ausländer und nur vereinzelt Touristen.

Alles änderte sich durch einen Film. Große Teile des Hollywood Blockbusters "Hangover 2" wurden in einer Suite des Lebua Towers und hier in der Rooftop Bar gedreht. Der weltweite Erfolg des Films führte seit 2011 dazu, dass die Sky Bar von Touristen regelrecht überrannt wird.

Das Essen im Restaurant ist okay, wenngleich überteuert. Gleiches gilt für die Drinks. Seit es einen neuen Besitzer gibt, zogen die Preise erneut an. Im Fadenkreuz der Sky Bar befinden sich nun vor allem: wohlhabende Touristen!

Und trotzdem lohnt sich zumindest einmal der Besuch der runden Eckbar in luftiger Höhe. Den unvergesslichen Sonnenuntergang, die traumhafte Aussicht auf das nächtliche Bangkok und den Chao Praya zu genießen, sind das Geld wert!

Natürlich können Sie auch einfach zur Bar schlendern, sich mit Ihrer Begleitung unterhalten, den Ausblick kurz genießen, vielleicht fotografieren. Und wieder gehen. In jedem Fall sollten Sie kurz vor 18 Uhr da sein, bevor es zu voll wird. Danach macht es definitiv keinen Spaß mehr.

Moon Bar im Banyan Tree

Adresse:	21/100 South Sathorn Road, 61.Etage
Anreise:	U-Bahn Blue Line, Station Lumphini, Ausgang 2.
Öffnungszeiten:	17:00 – 01:00 Uhr
Buchung:	02 679 1200 oder
E-Mail:	bangkok@banyantree.com
Webseite:	https://www.banyantree.com/thailand/bangkok
Preise:	Bier: ca. 11 € Whisky: 11 €
Dresscode:	**"smart casual"**, also keine Flip-Flops oder Sandalen, keine Shorts und keine ärmellosen Hemden.

Die Moon Bar im Fünf-Sterne-Hotel Banyan Tree darf sich rühmen, zu den 10 besten Rooftop Bars der Welt zu zählen! Sie bildete anfangs die einzige Alternative zur Sky Bar im Lebua.

Sie erinnert mich an ein altes, mächtiges Segelschiff. Das Restaurant Vertigo bildet das lange Mittelschiff, die Moon Bar am Kopfende die Brücke des Kapitäns.

Auch wenn die Drinks einiges kosten, sind sie immer noch wesentlich preiswerter als in der Lebua Sky Bar. Gönnen Sie sich einfach einen Drink. Es ist Ihr Urlaub! Der Ausblick insbesondere Richtung Lumphini Park lohnt sich. Ich gehe besonders gerne in die "Moon Bar", wenn Thailands beste Jazz Band "JAZZIAM" mit der wunderbaren Athalie de Koning auftreten.

Hi So Bar und Restaurant

Adresse: 2 North Sathorn Road, (Südostecke des Lumpini Parks, 29. Etage

Anreise: U-Bahn Blue Line, Station Lumphini, Ausgang 2.

Öffnungszeiten: 17:00 – 00:00 Uhr

Buchung: 02 624 0000 oder h6835@so-hotels.com

Webseite: https://www.so-bangkok.com/dining/hi-so/#the-bar

Preise: Bier: 5 €
Cocktails: ab 11 €

Kein Dresscode!

Diese Sky Bar zählt zu meinen Favoriten.Was ich besonders mag? Nirgends hat man einen besseren Blick auf den Lumphini Park und das umliegende Areal als hier aus dem 29. Stock.

Überdies ist das "Hi So" eine der wenigen Sky Bars mit großen Lounge-Sofas an der Balustrade zum Park. Um einen dieser begehrten Plätze zu ergattern, müssen Sie entweder gleich bei Öffnung um 17 Uhr vor Ort sein oder sich Sitzplätze vorbestellen.

Die Drinks sind nicht zu teuer. Und allemal preiswerter als in der Sky Bar des Lebua Hotels oder in der nahe gelegenen Moon Bar des Banyan Tree Hotels.

Der Lumphini Park bei Nacht

Red Sky Bar

Adresse: Centara Grand at Central World, 999 Rama Rd, 56. Etage

Anreise: Skytrain Sukhumvit Line, Station Chit Lom, Ausgang 1. Dann durch das Central World Einkaufszentrum bis zum Centara Grand Hotel gehen.

Öffnungszeiten: 17:00 – 01:00 Uhr

Buchung: in dieser Skybar gilt: "first come, first serve"

Restaurant: diningcgcw@chr.co.th.

Webseite: https://www.bangkokredsky.com/

Preise: Wein: 12 €
Bier: 12 €

Dresscode: **"smart casual"**, also keine Flip-Flops oder Sandalen, keine Shorts und keine ärmellosen Hemden.

Wenn ich spät nachmittags durch das Central World schlendere, beende ich meine Shopping-Tour (die oft mehr "Sightseeing" ist) sehr gerne in der "Red Sky Bar". Die einem sogar das eigene Logo in den Drink drucken können.

Wenn ich mir etwas Besonderes gönnen möchte, zieht es mich zur Redsky Bar. Einfach zum Hoteleingang des Centara Grand Hotels gehen und den Fahrstuhl in den 55. Stock wählen.

Chefkoch Christian Ham

Die Redsky Bar hat meiner Kenntnis nach auch die einzige „Schokoladen-Bar" der Stadt! Eine wirkliche Entdeckung für „Schleckermäuler"!

Und das Essen, das der französische Chefkoch Christian Ham zaubert, ist schon alleine einen Besuch wert!

Für einen schönen Tisch im Restaurant lohnt es es sich auf jeden Fall zu reservieren! (Die Reservierung gilt allerdings nur für 30 Min.)

Octave Rooftop Lounge & Bar

Adresse:	Marriott Hotel Sukhumvit, 2 Sukhumvit Soi 57, 45. - 49. Etage!
Anreise:	Skytrain Sukhumvit Line, Station Thong Lor, Ausgang 3.
Öffnungszeiten:	17:00 – 00:00 Uhr (Sonntag bis 2:00 Uhr)
Webseite:	https://www.facebook.com/OctaveMarriott
Preise:	Cocktail: 10 € Wein: 15 € Bier: 8 €
Dresscode:	**"smart casual",** also keine Flip-Flops oder Sandalen, keine Shorts und keine ärmellosen Hemden.

Das Octave bietet für meinen Geschmack die schönste Aussicht über ganz Bangkok. Und das sogar gleich von vier Sky Bars auf insgesamt vier Etagen.

In den unteren drei Skybars können Sie Ihre Drinks entspannt an einer der umlaufenden Balustraden mit Blick auf das nächtliche Bangkok genießen

Das Highlight ist die Bar im 49. Stock mit dem spektakulären 360° Rundumblick! Da diese Aussicht sehr beliebt ist, empfiehlt es sich auch hier, frühzeitig vor Sonnenuntergang zu erscheinen.

Skybar mit 360 ° Aussicht

Wenn Sie mit dem Skytrain kommen, dann nutzen Sie doch die Gelegenheit auf dem Weg zu dieser Skybar auf der linken Straßenseite kurz das **Mae Varee** (Seite 73) zu besuchen. Das Mango Sticky Rice hier gehört mit zum Besten, was Bangkok zu bieten hat.

4. Streetfood

Bangkok ist weltberühmt für sein Street Food. Darunter versteht man eine kleine Zwischenmahlzeit, die frisch für Sie zubereitet wird. Ob Sie nun die kleinen leckeren Satay-Hühnerspieße mit Erdnusssoße am Straßenrand in der Chinatown genießen oder sich ein paar Thai-Donuts mit einer grünen Pandanussoße auf ihrem Spaziergang mitnehmen.

Street Food finden Sie buchstäblich an jeder Straßenecke! Von kleinen Imbisswagen aus verkauft oder in einfachen, offenen Lokalen, die zumeist nur ein Grundgericht in Variationen für Sie zubereiten.

Manche von Ihnen schrecken vielleicht aus Sorge vor mangelnder Hygiene vor Garküchen zurück. Eine Alternative bieten dann die sog. Food Courts in allen großen Einkaufszentren der Stadt, in denen Sie unbesorgt aus einem breit gefächerten Angebot thailändischer Gerichte probieren können.

Wenn Sie an einer der Garküchen am Straßenrand essen möchten, sollten Sie eine Regel beachten, die mir bisher geholfen hat, ohne Beschwerden Street Food zu genießen.

Ich bevorzuge Gekochtes oder Gebratenes, wie etwa Suppen, Fisch oder Hühnerspieße. Salate meide ich.

Um Ihnen die Auswahl zu erleichtern, habe ich für Sie meine Liste der besten Street-Food-Stände und Lokale von Bangkok zusammengestellt. Top-Qualität zu großartigen Preisen sind dabei garantiert – und das bereits seit Jahren!

Hier schmeckt Mango Sticky Rice am besten

Kor Panich

Adresse: 431 - 433 Tanao Road
Anreise: U-Bahn Blue Line, Station Sam Yot, Ausgang 3.

Öffnungszeiten: 07:00 – 18:00 Uhr

Webseite: https://guide.michelin.com/en/bangkok-region/bangkok/restaurant/k-panich

Preis: 100 THB (3 €)

Ein Thailand Urlaub ohne "Mango Sticky Rice" ist undenkbar! Der ausgewogene Geschmack gereifter süßer Mangos mit der Kokosnuss Sosse, die ganz leicht salzig abgeschmeckt ist, bleibt unübertroffen. Ich halte das "Kor Panich" für den besten Anbieter dieser Delikatesse in Bangkok.

Sie können den kleinen, freundlichen Laden vom Königspalast aus bequem zu Fuß erreichen. Oder vom **"Giant Swing"** (Seite 156) aus.

In diesem berühmten Familienbetrieb wird "Mango Sticky Rice" nach einem 80 Jahre alten Rezept der Urgroßmutter zubereitet. Die süße Kokosnuss-Soße mit der leicht salzigen Note macht dieses Dessert zu einem absoluten Vergnügen. Und das für 3 €!

Es gibt aber noch ein weiteres Geschäft, das meiner Ansicht nach hervorragende Qualität anbietet. Dieses befindet sich in der Sukhumvit Road.

Mae Varee (Thonglor)

Adresse:	1 Soi Sukhumvit 55
Anreise:	Skytrain Sukhumvit Line, Station Thong Lor, Ausgang 3.
Öffnungszeiten:	täglich 06:00 – 22:00 Uhr
Preis:	150 THB (4 €)

In diesem alteingesessenen Familienbetrieb unmittelbar an der Sky Train Station Thonglor wird Ihnen die Mango mit buntem Reis in den Farben Grün, Schwarz und Weiß kredenzt.

Die täglich frisch zubereitete Kokosnuss-Soße macht dieses Dessert zu einem absoluten Highlight! Und als Topping obenauf leicht angebräunte, duftende Sesamkörner. Köstlich!

Der Besuch im Mae Varee lässt sich sehr gut mit dem Besuch in der **Octave Skybar** (Seite 69) des Marriott wenige Meter weiter kombinieren.

Die 360 ° Aussicht über Bangkok von der Rooftop Bar im 49. Stock ist spektakulär. Auch die drei Etagen vom 45. Stock an aufwärts bieten umlaufende offene Bars.

Wo Einheimische Street Food genießen

Boat Noodle Alley

Adresse:	Ratchawithi 10 Alley, Boat Noodle Alley
Anreise:	Sky Train Sukhumvit Line, Station Victory Monument, Ausgang 4. Bis zur Ratchawithi 10 und dann über den Kanal
Öffnungszeiten:	09:00 – 22:00 Uhr

Preis: je Teller Nudeln 16 THB (0,40€)

Sogenannte "Boat Noodle"-Suppen wurden früher auf den zahlreichen Kanälen der Stadt von Booten aus in kleinen Schüsseln ausgeschenkt. Die Basis bildet eine unglaublich leckere, würzige Brühe. Dazu kommen dann alle möglichen Zutaten in verschiedensten Varianten.

Eine kleine Schüssel mit Nudelsuppe kostet nur 16 Bath! Und da so wenig auf dem Teller ist, bestellt man sich stets eine Reihe verschiedener Varianten.

Am Ende wird nach der Zahl der Schüsseln abgerechnet, die Sie leer gegessen haben. In der Boat Noodle Alley gibt es mehrere solcher Restaurants, die ich alle empfehlen kann.

Das ist Street Food vom Feinsten!

Go-Ang Pratunam

Adresse: 960 - 962 Soi Petchaburi 30
Anreise: Skytrain Sukhumvit Line, Station Chit Lom, Ausgang 1.

Öffnungszeiten: 06:00 – 22:30 Uhr

Webseite: https://www.facebook.com/GoAngPratunamChickenRice/
Preis: Hainan Chicken: 100 THB (ca. 3 €)

Das Go-Ang gilt seit 50 Jahren als eines der besten Restaurants der Stadt für das traditionelle Thai-Chinesische Gericht „Hainan Chicken“ (Kaomunkai). Das gekochte Hühnerfleisch ist zart und saftig. Es wird auf Reis mit einer würzigen Soße präsentiert. Dazu gibt es eine fantastische, klare Hühnerbrühe. Eine meiner Favoriten!

Hauptgeschäft in der Petchaburi Road

Hainan Chicken

Filialen dieses Geschäfts gibt es auch im Siam Paragon Food Court und im EmQuartier Einkaufszentrum.

Por Pochaya

Adresse: 654 - 656 Wisut Kasat Road
Anreise: Östlich der Khaosan Road. Am besten ein Taxi nehmen!

Öffnungszeiten: Wochentags 09:00 – 14:30

Preis: Krebsfleisch-Omelette: 100 THB (3 €)

Dieses Geschäft existiert bereits seit mehr als 30 Jahren. Sein Erfolg basiert vor allem auf den fantastischen “Crab Omeletts” - also Omeletts mit viel Krebsfleisch. Eine zweite Spezialität ist das gebratene Huhn mit Cashew Nüssen!

Am besten kommen Sie gegen 11:30 Uhr. Nach 12:00 Uhr drängen die Angestellten aus der Umgebung hierher zum Mittagessen. Touristen treffen Sie an diesem Ort eher selten.

Rung Rueang Tung

Adresse:	10/3 Soi Sukhumvit 26
Anreise:	Skytrain Sukhumvit Line, Station Phrom Phong, Ausgang 4.
Öffnungszeiten:	08:00 – 17:00 Uhr
Webseite:	https://www.facebook.com/RungRueangtung26
Preise:	Tom Yam Suppe mit knuspriger Fischhaut 100 THB (3 €)

Die Spezialität des kleinen Restaurants ist eine wunderbare Schweinefleisch-Suppe, die durch frische, saftige „fish balls" ergänzt einfach köstlich schmeckt.

Empfehlenswert ist auch die großartige Tom Yam Goong Suppe, zu der man sich unbedingt die knusprig gebratene Fischhaut bestellen sollte!

Da dieses Restaurant gleich beim Emporium und dem EmQuartier liegt, lässt sich ein Besuch gut mit einer Shopping-Tour kombinieren.

Tom Yam mit Knuspriger Fischhaut

Ten Suns

Adresse:	456 Wisut Kasat Road (Auffahrt zur Rama VIII Brücke)
Anreise:	Express Boot Sathorn Pier bis Rama VIII.
Öffnungszeiten:	09:00 – 16:00 Uhr
Webseite:	https://www.facebook.com/Tensunsbeefsoup/
	Preis: ca. 120 THB (3,50 €)

Das kleine Street Food Restaurant liegt nicht weit von der Khaosan Road entfernt, aber auch vom Königspalast oder dem Giant Swing aus ist es gut zu erreichen. Bei der köstlichen, langsam geschmorten Rindfleischsuppe mit großen Fleischstücken wird Ihnen das Wasser im Mund zusammenlaufen. Die Brühe mit ihrem süß-salzigen Geschmack ist eine Wucht!

Rindfleischsuppe: ein Traum

Jay Fai – Michelin Stern für Street Food

Adresse: 327 Mahachai Road
Anreise: U-Bahn, Blue Line, Station Sam Yot, Ausgang 1

Öffnungszeiten: Mittwoch bis Sonntag 09:00 – 20:00 Uhr

Reservierung: 0 2 223 9384

Webseite: https://www.instagram.com/p/ChZujZWBDHP/

Preis: Krebsfleisch-Omelette: 1500 THB (40 €)

Das offene Straßenrestaurant ist eine Legende in Thailand. 2017 wurde das Jay Fai als erstes Street Food Restaurant überhaupt mit einem Michelin Stern ausgezeichnet. nzwischen zählt es zu Asiens 50 besten gastronomischen Betrieben. Die Besitzerin, die beim Kochen immer eine Taucherbrille zum Schutz der Augen trägt, ist mittlerweile rund um den Globus bekannt.

Kway Chap Mr. Joe

Adresse:	86 Soi Chan 44, Wat Phraya Krai (auf halbem Weg zwischen Skytrain Station Saphan Thaksin und der Rivercity)
Anreise:	Von der Sathorn Pier kostenlos mit dem River Shuttle zum "Asiatique The Riverfront" fahren.
Öffnungszeiten:	täglich 08:00 – 16:30 Uhr
	Preis: 100 THB (3 €)

Sie lieben leckere thailändische Nudelsuppen? Oder knusprig-kross gebratenen Schweinebauch, der zugleich zart und saftig ist?

Dann ist Mr. Joe eine verführerische Adresse für Sie! Der Schweinebauch wird in handliche, kleine Stücke geschnitten serviert. Dazu gibt es eine süße Soja Soße. Traumhaft!

Nudelsuppe mit krossem Schweinebauch

Kross gebratener, saftiger Schweinebauch

Ich kenne keine bessere Adresse für diese einfache Köstlichkeit der thailändischen Küche. Wenn Sie in der Gegend des Riverside Asiatique Vergnügungszentrums sind, lohnt sich der kleine Ausflug.

Sae Phun

Adresse: 112 Tannon Mahannop Road

Anreise: Mit der U-Bahn Blue Line bis zur Station Sam Yot, Ausgang 3.

Öffnungszeiten: täglich 07:00 – 15:00 Uhr

Webseite: https://guide.michelin.com/en/bangkok-region/bangkok/restaurant/sae-phun

Preis: 120 THB (3,60 €)

Nur 300 Meter hinter dem Königspalast finden Sie dieses kleine Juwel thailändischer Kochkunst. Zur Mittagszeit bilden sich davor seit mehr als 80 Jahren Schlangen Einheimischer, die eine der fantastischen Suppen essen möchten.

Probieren Sie eine Suppe mit gefüllten Teigtaschen oder knusprigem Schweinefleisch. Ein weiteres Highlight ist das Chicken Stew mit einer kräftigen Soße auf Reis!

5. Food Courts – leckere Alternativen zu den Garküchen

Street Food in Bangkok zu genießen, ist ein echtes Erlebnis. Mit den wachsenden Touristenströmen in den vergangenen Jahrzehnten hat die Zahl der Garküchen vor allem in der Innenstadt dramatisch zugenommen. Derzeit geht man von ca. 40.000 im Stadtgebiet aus. Leider muss man sagen, dass mancher dieser Stände aus gutem Grund von den Einheimischen gemieden wurde, weil die Hygiene deutlich zu wünschen übrig ließ. Das trifft allerdings nicht auf meine Empfehlungen zu!

Häufigere Kontrollen und Beschränkungen der entsprechenden Flächen haben schon einiges verbessert. Ich verlasse mich aber wie vor 30 Jahren lieber auf mir bekannte, alteingesessene Betriebe. Daneben sind aber mittlerweile auch in verschiedenen Einkaufszentren sogenannte Food-Courts entstanden. Die eine echte Alternative zu den Garküchen bilden. Auch hier bekommt man für wenig Geld bestes Essen, das wiederholten hygienischen Kontrollen unterliegt!

Pier 21 im Terminal 21 Einkaufszentrum

Adresse:	288, Soi Sukhumvit 19, Sukhumvit Road, Ecke Asok
Anreise:	Skytrain Sukhumvit Line, Station Asok. Vom Ausgang 1 direkt in die Mall, 5. Etage.
Webseite:	https://www.terminal21.co.th/asok/shop/pier21/th
Öffnungszeiten:	10:00 – 21:00 Uhr
Preise:	ab 50 THB (1,50 €)

Ich bin ein großer Fan des Food Markts, der sich im Terminal 21 Einkaufszentrum befindet. Zentral gelegen an einer Kreuzung des Skytrain und der U-Bahn an der Sukhumvit Road (Haltestelle Asok) können Sie dort gutes thailändisches Essen preiswert genießen. Die diversen Currys und Suppen schmecken hervorragend und kosten nur ca. 50 Bath, was 1,50 € entspricht.

Außerdem gibt es hier sehr leckere Desserts, wie meinen Lieblings-Nachtisch: Mango mit Sticky Rice – ständig frisch zubereitet. Verkehrstechnisch können Sie kaum einen besseren Ort für Ihren Mittagstisch finden, da Sie durch die Kreuzung von Hochbahn und U-Bahn anschließend schnell in alle touristisch wichtigen Viertel gelangen.

Wenn Sie mit der Rolltreppe im 5. Stock ankommen, sehen Sie einen Kassenschalter, an dem Sie für 100 Baht eine Essenskarte bekommen. Mit dieser können Sie an den Ständen und kleinen Küchen ordern und der jeweilige Preis wird von Ihrem Guthaben abgezogen.

Wenn das Guthaben aufgebracht ist, können Sie es an der Kasse wieder aufladen. Mittags ist es hier etwas voller. Bringen Sie also ein wenig Geduld mit. Es lohnt sich!

Stände mit Suppen und Currys

Emporium Food-Court

Adresse:	Emporium Mall THE FOODHALL, 622 Sukhumvit Rd. , 5. Etage
Anreise:	Skytrain Sukhumvit Line, Station Phrom Phong, Ausgang 2 direkt in das Emporium
Öffnungszeiten:	10:00 – 22:00 Uhr
Preise:	ab 100 THB (3 €)

Dieser Food-Court ist etwas teurer als das "Pier 21" im Terminal 21 aber bietet ebenfalls eine hervorragende Qualität.

Neben exzellenten Thai-Gerichten gibt es auch Stände mit japanischen Gerichten, indischer und westlicher Küche.

Ich empfehle Ihnen aber auch den "Food Market" gleich nebenan, wo Sie sehr gutes Seafood zum Kochen einkaufen können! Vielleicht haben Sie thailändische Freunde, die Ihnen das zubereiten. Oder denen Sie eine Freude machen möchten.

Frische Austern

Siam Paragon Food Court

Adresse:	991 Rama I Rd, Pathum Wan, Groundfloor GF
Anreise:	Skytrain Sukhumvit Line oder Skytrain Silom Line, Station Siam, Ausgang 3
Öffnungszeiten:	10:00 – 20:00 Uhr
Webseite:	https://www.youtube.com/watch?v=AmecVdZacas

Das Siam Paragon ist eines der berühmtesten Einkaufszentren der Stadt. Ich mag es vor allem aufgrund seiner kulinarischen Etage im „Groundfloor GF".

Hier gibt es mit dem „Gourmet Market" einen exzellenten Lebensmittelmarkt, in dem auch regelmäßig an diversen Theken thailändische Köstlichkeiten zum Probieren angeboten werden.

Gleich nebenan befindet sich der Food Court „Gourmet Eats Paragon". In den kleinen Food Stalls, die sich aneinander gereiht an den äußeren Gängen befinden, können Sie für wenig Geld Street Food in sehr guter Qualität bestellen und dann in der Mitte in einem großzügigen Areal mit Sitzgelegenheiten verzehren.

Hier befindet sich auch eine Filiale des Go-Ang Pratunam Restaurants mit dem besten Hainan Chicken, das man in der Hauptstadt erhalten kann. Und des Thipsamai mit dem besten Pad Thai.Das versichern nicht nur meine Freunde, sondern mittlerweile auch der Restaurant-Guide Michelin. Ein Besuch auf dieser Etage lohnt sich.

Der Besuch in diesem Food Court läßt sich sehr gut mit einer kleinen Shopping Tour durch das Central World Einkaufszentrum, das MBK oder eben das Siam Paragon verbinden.

6. Michelin Sterne am Restaurant Himmel

Unter den 50 besten gastronomischen Betrieben Asiens finden Sie allein vier in Bangkok! Die Hauptstadt verfügt laut Michelin Gastro-Führer über sechs Zwei-Sterne-Restaurants und 24 mit einem Stern. Selbst ein berühmtes Street Food Restaurant hat es zu solchen Ehren gebracht. Die Sterne-Köche Bangkoks präsentieren thailändische, französische, japanische und sogar deutsche Küche. Lassen Sie sich verzaubern.

Sühring

Adresse:	No. 10, Yen Akat Soi 3
Anreise:	U-Bahn Blue Line, Station Lumphini, Ausgang 2 Oder direkt mit dem Taxi.
Öffnungszeiten:	Dienstag bis Sonntag 17:30 – 21:00 Uhr.
Webseite:	https://restaurantsuhring.com/
	Buchung: 0 2107 2777 oder **E-Mail:** reservation@restaurantsuhring.com

Preise: *Lunch:*
8 Gänge: 6.500 THB (180 €)
3 Gänge: 3.500 THB (100 €)

Dinner:
8 Gänge 6.500 THB (180 €)
5 Gänge 5.000 THB (140 €)

Das muss man erst einmal schaffen: Sich mit deutsch inspirierter Küche in Thailand zwei Michelin Sterne zu erkämpfen! Den Berliner Zwillingen Thomas und Mathias Sühring ist das gelungen.

Ihr Restaurant mitten in einem herrlich tropischen Garten im Herzen Bangkoks zählt mittlerweile zu den 10 Besten Asiens.

Warum die Sührings in Thailand deutsche Küche auf höchstem Niveau anbieten? Die Mehrzahl der Gäste ist einheimisch. Und hat ein Faible für Deutschland. Es geht also weniger darum, deutsche Touristen mit heimischer Küche zu verwöhnen, als exquisite deutsche Küche für Thailänder zu kredenzen.

Die Räume des Restaurants sind nach dem Muster einer Wohnung benannt: Küche, Esszimmer, Wintergarten und Wohnzimmer.

Was ich besonders liebe: Die Enten Foie gras mit einer wunderbar ausgewogenen Riesling-Sauce und die zarte, rosa Entenbrust, die sich wie Butter schneiden lässt.

Le Du (2023 Asiens bestes Restaurant)

Adresse: 399/3 Silom 7 Alley, Silom
Anreise: Skytrain Silom Line, Station Chong Nongsi, Ausgang 4

Öffnungszeiten: täglich (außer Sonntag) 18:00 – 23:00 Uhr

Webseite: https://www.ledubkk.com/

Preise: 6-Gänge-Menü 3.590 THB (100 €)
4-Gänge-Menü 2.990 THB (85 €)

Buchungen: ca. 2 Wochen vorher

Das thailändische Wort LeDu steht für den Begriff Saison. Und damit ist auch das Motto gesetzt, dem der kreative Chef Thon folgt. Denn seine Menükarte komponiert er je nach Jahreszeit.

Thon wählt traditionelle thailändische Gerichte bis hin zum Street Food aus, entwickelt sie durch Verfeinerung und Verarbeitung bester regionaler Zutaten zu neuen Gerichten auf allerhöchstem Niveau und erkämpfte sich damit in diesem Jahr sogar Platz 1 im Ranking von Asiens Top-Restaurants.

Thon ist stets auf der Suche nach den besten Produkten Thailands. So kommt sein wunderbar cremiger, schwarzer Reis aus Mai im Norden. Daraus kreiert er ein Risotto, das zur Bindung statt Käse eine leicht salzige Shrimp-Paste verwendet – und göttlich schmeckt!

Seine Krebse aus dem südlichen Pattani sind so saftig gegart, dass Sie anschließend noch davon träumen werden.

Der Wolfsbarsch auf Pomelo-Streifen mit einer Ingwer-Kokosnuss-Soße ist ein Erlebnis, das Ihnen einen unvergesslichen Restaurantbesuch bescheren wird.

D. Ausflüge, aber entspannt

Bangkok mangelt es wahrlich nicht an Attraktionen. Aber manch eine Sehenswürdigkeit ist derart überfüllt, dass ihr Besuch keinen Spaß macht. Stattdessen lieber einen kleinen, unbeschwerten Ausflug zu unternehmen, kann mindestens genauso schön sein – und zugleich wesentlich entspannender.

Ob Sie nun einen wenig bekannten Floating Market im Westen der Stadt erkunden, eine kleine Töpferinsel 20 km nördlich der Innenstadt besuchen oder mit dem Fahrrad durch das grüne Paradies der Stadt Bangkok radeln. Wie viel Zeit Sie dafür benötigen? Meist reicht ein halber Tag.

I. Bang Krachao – Die grüne Lunge Bangkoks

Diese Halbinsel mutet wie ein Stück Dschungel mitten im Herzen der pulsierenden Weltmetropole Bangkoks an. Naturbelassener Forst und Mangrovenwälder überziehen etwa 30 % der Fläche. 12 alte, wunderschöne und zum Teil halb verfallene Tempel warten über die Insel verteilt. Damals wurden sie von den ursprünglich aus Zentral-Thailand stammenden Mon errichtet.

Der Ausflug in diese grüne Lunge der Hauptstadt ist ein Geheimtipp für Naturliebhaber. Erkunden können Sie dieses Kleinod sowohl bei einer Radtour als auch mit dem E-Scooter. Die engen Wege und Stege der Insel sind größtenteils auf Stelzen gebaut. Sie verlaufen bis in 2 m Höhe, weil der Boden darunter im Mangroven Wald zu sumpfig ist. Fahren Sie also vorsichtig. **Anreise:** Sie können den Chao Praya Richtung Bang Krachao an zwei Stellen mit Fähren überqueren.

Klong Toey Nok (Pho Thong) Pier

Im Norden der Halbinsel

Anreise: Entweder von der U-Bahn (Blue Line) Station Klong Toey, Ausgang 1, mit dem Taxi zur Pho Thong Pier fahren oder von der Bushaltestelle Big C Rama IV aus. An der Pier kann man dann für ein paar Bath mit dem Longtail-Boot übersetzen (Fahrrad Mitnahme erlaubt). Sie können wählen, ob Sie zum Pier beim M-Bike-rental möchten oder zum „Raft House Pier" mit Restaurant.

Fährbetrieb: 24 Stunden

Preis: 15 THB (0,15 €)

Bang Na Pier

Im Osten der Halbinsel

Anreise: Ab der Skytrain Station Udon Suk (Sukhumvit Line) Ausgang 4, mit dem Taxi bis zur Bang Na Pier (ca. 100 Bath).

Die Fähre legt am Wat Bang Nam an. Gleich daneben befindet sich ein Fahrradverleih.

Fährbetrieb: 05:00 – 21:30 Uhr

Preis: 5 THB (0,15 €)

Sehenswertes auf Bang Krachao

Die Halbinsel schmückt ein großzügiger Park mit vielen Teichen, Pavillons und Picknickplätzen. Aber auch die Mangrovenwälder laden zu einem Besuch ein. Die Chance auf spannende Naturbeobachtungen lassen die Halbinsel zu einem echten Juwel für jeden werden, der sich für die exotische Tier- und Pflanzenwelt dieses Landes interessiert.

Sri Nakhon Park

Im nördlichen Teil der Halbinsel, ca. 400 m vom Fluss entfernt.

Öffnungszeiten: 6:00 – 19:00 Uhr

Webseite: http://thaibirding.com/locations/central/sri-nakorn-kuen-khan-park.htm

Die Hälfte der 200 ha. großen Parkanlage wurde wild belassen und ermöglicht die Beobachtung exotischer Tiere, wie z. B. mehr als 100 verschiedene Vogelarten. Aber auch Schildkröten und bis zu 2 m lange Warane streifen hier Ihren Weg.

Von den Stegen im Park aus können Sie in den überfluteten Palmwäldern auch viele schillernd bunte Eisvögel sehen.

Mitten im Park bieten weiträumige Wiesen und kleine Pavillons reichlich Platz für ein gemütliches Picknick. Snacks und Getränke kaufen Sie direkt auf der Insel, am Wochenende z. B. auf dem nahe gelegenen Floating Market.

Bang Nam Pheung Floating Market

In der Mitte der Halbinsel

Öffnungszeiten: Samstag und Sonntag 08:00 – 16:00 Uhr

Webseite: https://www.facebook.com/profile.php?id=100064624574638

Streng genommen handelt es sich hierbei nicht um einen "Floating Market", da er zwar am Kanal liegt, hier aber nicht von Booten aus verkauft wird.

Um die Mittagszeit treffen sich viele Einheimische, um thailändische Hausmannskost zu genießen. Das Essen ist preiswerter als in der Stadt und schmeckt hervorragend. Die Auswahl ist atemberaubend!

Wenn ich mit dem Rad oder dem E-Scooter eine Tour über die Insel unternehme, ist das mein liebster Lunch-Zwischen-Stopp. Ich mag insbesondere die thailändischen Desserts, die hier als Spezialitäten angeboten werden – beeinflusst von der traditionellen Küche der Mon.

Nach dem Essen können Sie für 1,50 € bei einer hervorragenden Fußmassage auftanken! Wenn ich an Wochenenden mit Freunden auf Bang Krachao unterwegs bin, decken wir uns auf dem Markt mit Essen und Trinken ein und veranstalten dann auf den Wiesen im nahegelegenen Park ein herrliches, ausgedehntes Picknick.

Ideal ist das auch, wenn Sie mit Kindern unterwegs sind. Ich habe hier schon oft junge Familien auf den Wiesen picknicken gesehen. Auch in Thailands Foodblogger-Szene schwärmt man von diesem Ort.

Der Vogel-Beobachtungsturm

Öffnungszeiten: 05:00 – 19:00 Uhr

Der Vogel-Beobachtungsturm liegt östlich des Sri Nakhon Parks. Er ist etwas höher als die Baumwipfel gebaut, so dass man von hier aus herrlich seinen Blick über den Park schweifen lassen kann.

Von der Plattform in der 3. Etage aus können Sie in den frühen Morgenstunden Vögel entdecken, die sich nach der Kühle der Nacht in den Baumspitzen aufwärmen möchten, und erstmals am Tage auf Insektenjagd gehen. Bringen Sie etwas Zeit mit, wenn Sie auf den Turm klettern und vor allem: Innere Ruhe!

Empfehlenswerte Restaurants

Auf Bang Krachao gibt es einige Gasthäuser, in denen sich die Einkehr lohnt. Es tut gut, sich auf der Erkundungstour über die Insel mit einem exotischen Fruchtdrink zu erfrischen oder thailändische Snacks zu verzehren, während man dabei die Natur beobachtet oder an den Ufern des Chao Praya das bunte Treiben auf dem Fluss.

The Ozone Café

In der Mitte der Halbinsel

Öffnungszeiten: Freitag bis Sonntag 08:00 – 18:00 Uhr

Webseite: https://www.facebook.com/profile.php?id=100057191869864

Preise: ab 2 €

Das Ozone ist ein ungewöhnliches Café abseits des Trubels – vielleicht gehört es deshalb zu meinen Lieblingsplätzen. Es befindet sich mitten auf der Insel. Das Areal wird von kleineren Gewässern durchzogen.

Auf dem Grün tummeln sich Hasen, Truthähne, Gänse und anderes Getier. Es geht im Ozone entspannt zu.

Als Gast können Sie kostenlos eines der kleinen hölzernen Boote nehmen und auf den kleinen Teichen und Kanälen umher rudern. Ein Riesenspaß!

Anschließend genießen Sie in den Bambushütten am Café leckere thailändische Regionalgerichte.

Hiddenwoods

Im Osten der Halbinsel

Öffnungszeiten: Dienstag bis Sonntag 08:00 – 18:00 Uhr

Webseite: https://www.facebook.com/hiddenwoodsbangkok

Preise: Essen ca. 5 €

Dieses Café liegt etwas versteckt, wie der Name schon an deutet. Der herrlich grüne Garten, die hölzerne Pier und die Terrasse sind verlockend. Den Weg durchs Grün zum Café machen Wassernebel versprühende Luftbefeuchter in den Bäumen angenehm.

Für die Mühen, das Café zu finden, werden Sie durch den Ausblick entschädigt. Denn das Hiddenwoods liegt direkt am Fluss und bietet einen sagenhaften, weiten Blick auf die Skyline Bangkoks.

Die Speisen sind etwas teurer als auf der Insel üblich, aber es lohnt sich aufgrund ihrer Qualität. Eine kulinarische Verführung sind die Nachos „Secret Mountain“ mit Shrimps, Mozzarella, saurer Sahne und kleinen Tomaten (6 €). Göttlich schmeckt auch „Alans Pasta“, gleichfalls mit Garnelen (5 €).

Gerade am Ende einer Tagestour sitze ich gern hier am Fluss. Dann entspanne ich noch etwas, bevor es mit der Fähre zurück in die Stadt geht.

Uncle Ooh (Baanlungau)

Im Norden der Insel

Öffnungszeiten: täglich 11:00 – 22:00 Uhr

Webseite: https://www.facebook.com/profile.php?id=100063487633422

Preise: ca. 4 € für Thai Snacks

Das Uncle Ooh liegt im Norden der Insel, unweit der Klong Toey Not (Pho Tong) Pier. Ich mag dieses weiträumige Restaurant am Fluss. Es bietet von der Terrasse die schönste Aussicht auf die Skyline der Millionenstadt.

Wunderbar, wenn Sie hier den Sonnenuntergang mit einem guten Essen auf dem Tisch genießen können.

Exzellent schmecken die grünen und roten Currys mit Rindfleisch oder Hähnchen.

Auch die einfachen, aber sehr raffiniert zubereiteten Gerichte mit gebratenem Reis sind lecker und kosten lediglich 1,50 €. Dazu einen frisch zubereiteten Smoothie aus den exotischen Früchten des Landes und der Tag endet perfekt.

Coconut Bar

Preise: 1 - 2 € Die Coconut Bar liegt südlich des Vogel-Beobachtungsturms. Etwas versteckt zugegebenermassen. Sie sitzen in einem wunderbar wilden, großen Garten mit allen möglichen Pflanzen und Bäumen. Da lässt Sie schnell vergessen, nur 15 Minuten vom quirligen Bangkok entfernt zu sein!

Ich genieße hier am liebsten das frische, cremige Kokosnuss-Eis oder den Coconut Smoothie, der nur 1 € kostet.

Fahrrad- und E-Scooter-Touren

Auf dem Wegenetz können Sie etwas landeinwärts radeln und dann auf schmalere Pfade abbiegen. Die Orientierung über Google Maps ist fehlerhaft, weil das GPS hier nicht genau funktioniert. Ich empfehle ansonsten eine der beiden folgenden Radtouren zu wählen:

1) Für 19 km: ca. 3 – 4 Std.
Route: https://www.bikemap.net/de/r/3293523/#13.69/13.68983/100.57077

2) Für 13km, ca. 2 – 3 Std.

Route: https://www.bikemap.net/de/r/3368987/#13.69/13.69038/100.57075

Fahrrad-Verleih

An beiden Fähranlegern auf Bang Krachao finden Sie jeweils einen Fahrradverleih.

Vor der Fahrt unbedingt die Bremsen und Reifen testen!

M Bike: vom Wat Khlong Toei Nok Pier aus erreichbar mit dem Longtail.

Öffnungszeiten: 07:00 – 19:00 Uhr.

Preise: Einfaches Fahrrad: 1,80 €

Ich habe nur noch Räder für einheitlich 50 Bath gesehen. Bei der Miete müssen Sie manchmal eine Ausweiskopie hinterlegen.

PP Bike: Anreise von der Bang Na Pier aus

Öffnungszeiten: 07:30 – 18:00 Uhr

Preise: Einheitspreis 50 Bath (1,50 €)

Empfehlung: Sie können eine Fahrradtour über Bang Krachao auch bei einer der folgenden Agenturen buchen:

GetYourGuide: https://www.getyourguide.de/bangkok-l169/bangkok-khlong-toei-markt-bang-krachao-island-radtour-t391921/

FollowMe: https://www.followmebiketour.com/siam-sawan/

E-Scooter Verleih

Bikery E-Scooters

Verleih: Sonntag 08:30 – 18:00 Uhr

Preise: 1 Std. = 5 €
Eine weitere Stunde jeweils 1,50 €.
Ganzer Tag: 15 €

Buchung: 081 827 9998 oder
Instagram: @bikery_escootertours

2. Koh Kret, die Insel der Mon

Ko Kret liegt ca. 20 km nördlich des Stadtzentrums von Bangkok flussaufwärts am Chao Praya. Die Insel ist vor 200 Jahren durch einen Kanaldurchstich in einer Flussschleife entstanden. Hier siedelte eine kleine Volksgruppe aus Zentral-Thailand an, die sogenannten Mon. Sie sind als geschickte Töpfer bekannt, die auch heute noch von der Insel aus landesweit ihre Waren verkaufen.

Als ich vor mehr als 20 Jahren erstmals Koh Kret besuchte, befanden sich dort nur einige sehr schöne alte Tempel, , kleine Siedlungen und eine Handvoll Geschäfte inmitten weiträumiger Felder. Bis zum heutigen Tag hat sich wenig geändert.

Sehr schön ist der ca. 5 km lange Rundweg. Die Insel mit ihren Palmenhainen, Reisfeldern, kleinen Tempeln und Dörfern zu erkunden, ist ein entspannendes Erlebnis – ob nun zu Fuß oder mit einem geliehenen Fahrrad (100 THB/3 €). Am Inselufer ist eine kleine Marktstraße mit zahlreichen Essensständen, Souvenir-Shops und Kunsthandwerken entstanden.

Am Wochenende füllt sich die Insel, wenn viele Thais aus der Hauptstadt zu einem Kurzbesuch kommen.

Den Rest der Woche ist es hingegen so ruhig wie früher. Ausländische Touristen trifft man auf der Insel eher selten. Aber viele Familien aus Bangkok, die die Insel für einen Wochenendausflug nutzen.

Adresse:	Tambon Pak Kret, Amphoe Pak Kret
Anreise:	**Chao Praya Express Boat** (Seite 216) oder **Mine Smart Ferry** fährt eine Station weiter bis Phra Nang Klao
Express Boot:	Zwischen 6 und 8 Uhr morgens fährt das Boot mit der grünen Flagge von der Sathorn Pier aus direkt nach Koh Kret. Allerdings nicht am Wochenende. Ansonsten wählen Sie das Boot mit der orangenen Flagge zur Nonthaburi Pier (Pibul 3 | N30). Die Fahrt kostet nur 15 THB (0,40 €). Ab der Nonthaburi Pier geht es weiter Mit dem Taxi für ca. 100 Bath bis zum Fähranleger.

Mine Smart Ferry	9:00 - 17:00 Elektroboot mit Air Condition. **Preis:** 20 THB (0,60 €)
Webseite:	https://minesmartferry.com/
Taxi:	Als Ziel Pak Kret Market oder den Wat Sanam Nuea in Nonthaburi angeben.

Man kann neuerdings auch mit der elektrischen Mine Smart Ferry von der Sathorn Pier bis zur Nonthaburi Pier für 30 Bath in einer halben Stunde fahren.

Das neue Boot verfügt sogar über eine Klimaanlage. Im Unterschied zu allen anderen Anbietern von Touren nach Koh Kret.

Mit der kleinen Fähre übersetzen kostet 3 Bath. Die andere Fähre nordöstlich an der Ecke des Chedi kostet 5 Bath.

Sehenswertes

Tempel der Ayutthaya Zeit

Eine Attraktion der Insel sind kleine Tempelanlagen aus der Ayutthaya Zeit, also dem 18. Jahrhundert, mit wunderschönen farbigen Deckenmalereien und kunstvoll gestalteten Fensterläden! Besonders eindrucksvoll ist der Wat Phai Lom im Norden der Insel mit einem liegenden Buddha und herrlichen Malereien.

Der Haupttempel von Koh Kret ist allerdings der Wat Poramaiyikawat. Er befindet sich an der Anlegestelle im Nordosten. Zum Tempel gehört auch der berühmte, schiefe Chedi am Kanalufer, der eine Reliquie Buddhas enthalten soll.

Der schiefe Chedi von Koh Kret

Man sieht ihn bereits vom gegenüberliegenden Fähranleger aus. Dass dieses beliebte Fotomotiv so schief ist, war keine Absicht.

Vielmehr hat das Wasser des Chao Praya einen Teil des Fundaments unterspült, so dass der Chedi seitlich abgesackt ist. Auf 100 Jahre alten Fotos steht er noch kerzengerade. Vor einigen Jahren wurden die Fundamente stabilisiert. Jetzt hält er. Mich erinnert er an den schiefen Turm von Pisa;)

Töpfereien der Mon

In der Marktstraße, die links vom Pier abgeht, können Sie zahlreiche Stände mit den typischen Töpferwaren der Mon entdecken.

Ich empfehle Ihnen aber eher, in die Dörfer der Insel zu spazieren, wo Sie Töpfereien besuchen können, die deutlich weniger Touristen anlocken. Sie eignen sich sehr gut für den Kauf kleiner Souvenirs. (Achtung zerbrechlich!) In einigen dieser Töpfereien dürfen Sie Ihr Geschick auch selbst versuchen.

Wenn Sie die Marktstraße ein Stück weiter hinuntergehen und dann rechts abbiegen, gelangen Sie zum Dorf Nr. 1. Im Norden verfügt auch Dorf Nr. 6 über sehr schöne Töpfer-Werkstätten.

Restaurants

An den Wochenenden können Sie thailändische Köstlichkeiten in der Marktstraße entlang des Kanals genießen. Besonders beliebt sind Desserts nach alten Rezepten der Mon.

Ansonsten befinden sich über die Insel verteilt einige schnuckelige Restaurants am Ufer, in denen Sie eine Kleinigkeit essen und entspannen können. Lehnen Sie sich zurück und ich verrate Ihnen, welche Lokale ich auf der Insel darüber hinaus besonders mag.

Chitbeer

Im Osten der Insel am Kanal

Öffnungszeiten: Samstag und Sonntag 12:00 – 21:00 Uhr

Webseite: https://www.facebook.com/Chitbeer/?ref=page_internal

Preise: ab 100 THB (3 €)

Die kleine Inselbrauerei wurde 2012 gegründet und zählt zu meinen Lieblingsplätzen. Sie können entspannt auf der Terrasse sitzen, ein Bier schlürfen und die vorbeifahrenden Schiffe beobachten. Das Lokal bietet zahlreiche Spezialitäten an: vom Weizenbier über das Stout bis zum normalen Pilsner.

Old-Laurie

Im Norden der Insel

Öffnungszeiten: täglich 09:00 – 21:00 Uhr

Webseite: https://www.facebook.com/profile.php?id=100063456043991

Das nette Café gehört zu den wenigen gastronomischen Betrieben, die täglich geöffnet haben. Bei leckerem Kaffee, Kuchen oder einer Pizza können Sie es sich auf der Terrasse am Fluss gut gehen lassen.

No. 1 Coffee Steak

Im Osten der Insel am Kanal (Unweit des schiefen Chedi).

Öffnungszeiten: Samstag und Sonntag 09:30 – 17:00 Uhr

Webseite: https://www.facebook.com/profile.php?id=100057170931632

Preise: ab 30 THB (0,90 €)

Das No. 1 ist ein sehr gutes thailändisches Café und Fast Food Restaurant im Osten der Insel. Sie können wunderbar auf der überdachten Terrasse sitzen und zwischen Hängepflanzen den Tag Revue passieren lassen.

Tipp: Probieren Sie die hervorragenden Kaffees aus verschiedenen thailändischen Regionen.

3. Nachts auf dem Fluss – unvergessliche Dinner Kreuzfahrten

Im vor Hitze flirrenden Bangkok eine Fahrt auf dem Chao Praya zu unternehmen, schafft wegen des erfrischenden Fahrtwindes immer eine wunderbare Erleichterung.

Abends auf einem Kreuzfahrtschiff zwischen dem hell erleuchteten Königspalast und dem Wat Arun dahinzugleiten, macht eine solche Fahrt dann zu einem echten Erlebnis. Unterstrichen von Livemusik und mit den Köstlichkeiten der thailändischen Küche verwöhnt – kann ein Urlaubsabend schöner sein?

Solch eine Tour gehört zu den Aktivitäten, die jeder Bangkok Besucher sich gönnen sollte. Die "Diner Cruises" dauern zwischen zwei und drei Stunden, je nach Anbieter. Es werden Fahrten für 25 € angeboten aber auch luxuriösere Touren für ca. 60 €.

Gestartet wird entweder von der Pier an der Rivercity oder gegenüber vom ICONSIAM.

White Orchid Diner Cruise

Anreise: Skytrain Silom Line, Station Saphan Taksin, Ausgang 2 zur Pier.
Express Boot bis Pier N 2 Si Praya.
Zu Fuß zur River City.

Check in: 19:30 Uhr im River City Gebäude am White Orchid River Cruise Counter melden.

Abfahrt: 19:45 Uhr
Ende: 21:45 Uhr
Programm: Klassische Thai- Tanzvorführung, Buffet Thai/westlich, Cabarett Show

Preis: ab 25 €

Die White Orchid Tour zählt zu den preiswerten Angeboten. Die zweistündige Fahrt führt am Wat Pho, dem Königspalast und Wat Arun vorbei bis zur Rama-VIII-Brücke. Anschließend geht es flussabwärts wieder zurück. Neben der malerischen Kulisse sind Buffet und Unterhaltungsprogramm den Preis wert.

Saffron Cruise mit dem Banyan Tree Hotel

Anreise:	Skytrain Silom Line, Station Saphan Taksin, Ausgang 2 zur Pier. Mit dem ICONSIAM-Shuttle kostenlos zum ICONSIAM-Einkaufszentrum. **Check in:** 18:45 Uhr **Ende:** 22:00 Uhr
Programm:	Begrüßungsdrink auf dem Oberdeck an der Moon Bar, 4- Gänge-Diner, Live-Entertainment
Menü:	https://www.taste.banyantree.com/bt-bangkok-saffron-cruise-en **Preis:** 66 €

Was die Saffron Cruise auszeichnet: Der Name Banyan Tree steht kulinarisch für Fünf-Sterne-Gastronomie wie im Vertigo Restaurant des Hotels. Und dieses Niveau wird auch auf der Saffron aufgetafelt. Die Tische sind mit Blumen und Kerzen festlich geschmückt.

Von allen Schiffen, die solche abendlichen Fahrten offerieren, bietet die 2019 gebaute Saffron meiner Kenntnis nach am meisten Platz für die Gäste. Niemand sitzt bedrängt.

Moon Bar auf der „Saffron"

Die Musik ist dezent und unaufdringlich. Einen Cocktail an der Moon Bar auf dem Oberdeck zu genießen, erinnert an die Atmosphäre der berühmten Sky Bar des Banyan Tree Hotels.

Drinks müssen allerdings gesondert bezahlt werden.

Bier:	10 €
Gin Tonic:	15 €

Buchungen:

Tickets erhalten Sie online über die Veranstalter oder über Reiseagenturen.

White Orchid Cruise: https://whiteorchidrivercruise.com/EN/

Saffron Cruise: https://www.banyantree.com/thailand/bangkok/dining/saffron-cruise

Agenturen:

GetYourGuide: https://www.getyourguide.com/bangkok-1169/cruises-boat-tours-tc48/

Klook: https://www.klook.com/de/activity/23641-chao-phraya-cruise-bangkok/

E. Die bunten Märkte Bangkoks

Sie sind ein Erlebnis für alle Sinne. Die Luft ist gesättigt von anregenden Düften nach dampfenden Suppen, gebratenen Chillies, Knoblauch und würzigem Basilikum. Es ist laut, in den engen Gassen herrscht Gedränge. Bangkok weist eine enorme Vielfalt an lokalen Nachbarschaftsmärkten mit Gemüse und exotischen Früchten bis hin zu Blumenmärkten und Wochenendmärkten auf.

Nachtmärkte sind eine Besonderheit der Stadt. Ursprünglich ein Angebot für die arbeitende Bevölkerung, die tagsüber nicht einkaufen konnte, sind einige von ihnen mittlerweile zu Touristen-Magneten geworden. Denn in der Abendkühle über einen solchen Markt zu flanieren, ist entspannter als während der Tageshitze. Sich etwas an einem der zahlreichen Essens Stände zu kaufen und unter dem Sternenhimmel zu genießen, rundet einen Urlaubstag perfekt ab. Die folgenden Märkte sind meine absoluten Favoriten.

1. Chatuchak: größter Wochenendmarkt Asiens

Adresse:	Kamphaeng Phet 2 Rd, Chatuchak
Anreise:	Skytrain Sukhumvit Line, Station Mo Chit Ausgang 1 oder U-Bahn Blue Line, Station Khampaeng Phet, Ausgang 2
Öffnungszeiten:	Samstag und Sonntag 05:00 – 18:00 Uhr
Webseite:	https://www.chatuchakmarket.org/
App IOS:	https://apps.apple.com/us/app/chatuchak-guide/id1268491943

Der Chatuchak Markt mit seinen mehr als 8.000 Ständen ist schlicht und ergreifend überwältigend. Sie haben leicht das Gefühl, sich im Gewühl zu verirren.

Auf dem Markt bekommen Sie alles: von Haushaltsgegenständen, Kunsthandwerk und Textilien über Lebensmittel bis hin zu exotischen Tieren. Natürlich darf auch leckeres Essen in vielen Restaurants und an Straßenständen nicht fehlen.

Achten Sie beim Kauf von Souvenirs darauf, nichts mitzunehmen, was nicht exportiert bzw. nach Deutschland importiert werden darf. So ist z. B. die Ausfuhr von Buddha-Bildnissen oder Statuetten verboten. Gleiches gilt für lebende oder ausgestopfte Tiere.

Nach Deutschland dürfen viele Korallen und Muschelarten nicht eingeführt werden, genauso wenig wie Orchideen ohne ein sog. Pflanzengesundheitszeugnis (phytosanitary cerificate).

Von den Händlern werden Sie nicht erfahren, was erlaubt ist. Deren Interesse ist nur der Verkauf!

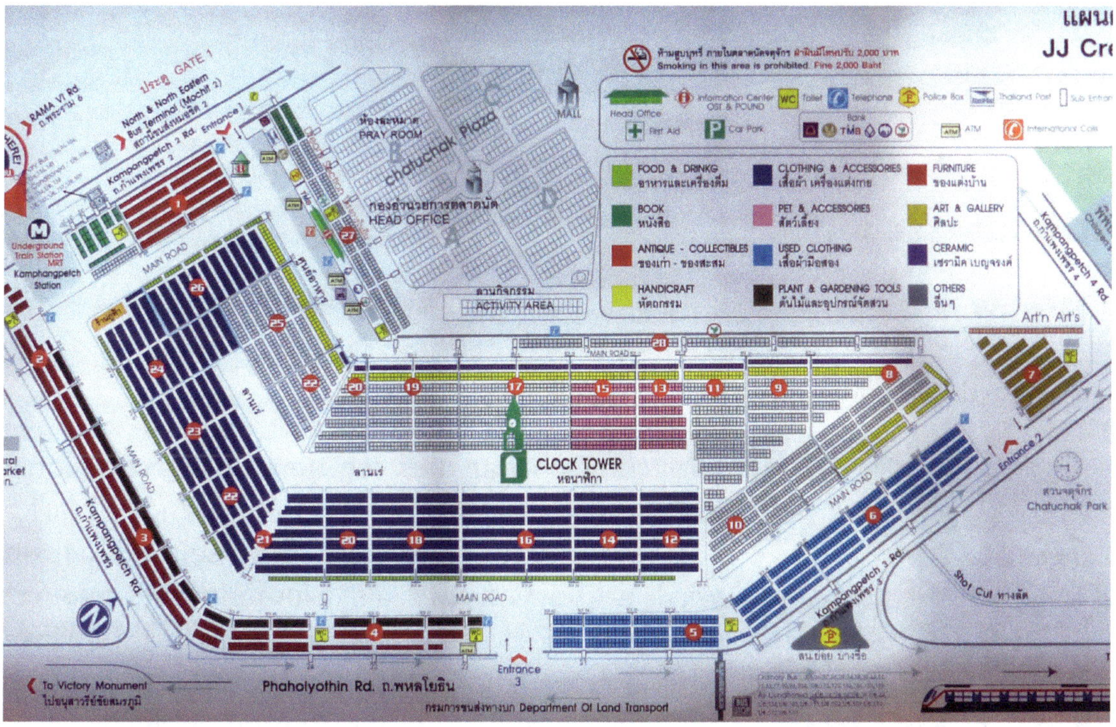

Wichtig:

1. Wenn Sie diesen Markt besuchen, nehmen Sie unbedingt einen Lageplan vom Infostand mit und orientieren Sie sich, wo die Toiletten sind.

2. Packen Sie außerdem genügend Bargeld ein, da sich an den Geld-Automaten oft lange Schlangen bilden.

3. Weil es auf dem Markt tagsüber sehr heiß wird, sollten Sie überdies immer eine kleine Flasche Wasser dabeihaben.

4. Über die Preise wird auf dem Chatuchak nicht verhandelt, wenn ein Produkt mit einer Preistafel gekennzeichnet ist.

2. Pak Khlong Talad – das Orchideen Paradies

Adresse:	116 Chakphet Road
Anreise:	Skytrain Silom Line, Station Saphan Taksin, Ausgang 2 zur Sathorn Pier. Express Boot bis Memorial Pier.
Öffnungszeiten:	24 h
Webseite:	https://www.tourismthailand.org/Attraction/pak-khlong-talat-night-market

Ursprünglich war dies seit den Zeiten von König Rama I. (1782–1809) ein schwimmender Markt, ein sog. "Floating Market". Erst seit 60 Jahren wird er vorwiegend als Blumenmarkt genutzt .Die beste Zeit für einen Besuch ist am späten Abend oder frühen Morgen, wenn sich Händler aus dem ganzen Land mit Blumen eindecken.

Der Khlong Talad ist weltweit der drittgrößte Markt für Orchideen! Die Fülle an wunderschönen und unterschiedlichen Sorten ist überwältigend. Sie können einen kleinen Strauß für Ihr Zimmer ab 30 Baht (1 €) erhalten.

Aber Vorsicht, falls Sie Orchideen nach Deutschland mitnehmen möchten

Da viele Sorten unter das sog. Washingtoner Arten Schutzabkommen fallen, ist der Import bei uns reglementiert. Ich kaufe Orchideen am Flughafen ein. Da sind sie zwar wesentlich teurer, aber ich kann nach einem gültigen Pflanzengesundheitszeugnis (phytosanitary cerificate) fragen. Dieses ist durch einen Aufdruck an der Blumenschachtel kenntlich gemacht.

Sonst werden Ihnen die herrlichen Blumen womöglich am Flughafen in Deutschland direkt wieder abgenommen.

3. Or Tor Kor Markt

Thailands bester Lebensmittel-Markt

Adresse:	139/4 1, Samsen Nai, Phaya Thai
Anreise:	U-Bahn Blue Line, Station Khampaeng Pet, Ausgang 3 (**Achtung! Dort steht „Marketing Organisation for Farmers**)
Öffnungszeiten:	Mo bis Fr von 08:30 – 16:30 Uhr
Webseite:	https://www.facebook.com/ortorkormarket

Der Or Tor Kor wurde vor wenigen Jahren von CNN zu einem der besten Märkte weltweit (Fresh Markets) gewählt. Thailands Nr. 1 ist er auf jeden Fall. Was ihn auszeichnet?

Vor allem die deutlich besseren Hygiene-Standards und häufigeren Kontrollen in puncto Lebensmittel-Sicherheit als auf allen anderen Märkten. Und die 1 A Qualität der Waren!

Landestypische exotische Früchte und Gemüsesorten finden Sie nirgendwo sonst in einer derartigen Vielfalt und Qualität! Sie können an vielen Ständen leckeres Essen kaufen und gleich auf den Bänken mitten im Markt verzehren. Und sich dort mit anderen ausländischen Touristen über das Essen und die verschiedenen Anbieter austauschen.

Zum Beispiel die "pork satay" Spieße mit Erdnuss-Soße, sogenannte "Boat Noodle" Suppen oder Thai Crêpes (Kanon Buang). Einen Besuch wert ist auf jeden Fall der Stand Nr. 11/40 mit seinen schmackhaften Austern-Omelettes und einem köstlichen Pad Thai (ab 60 THB/ 1,80 €) wert. Probieren Sie zum Abschluss ein leckeres Thai-Dessert aus farbiger Tapioka oder Sticky Rice Bällchen in einer cremig-süßen Kokosnuss-Milch! Oder wunderbar kross gebratenen Schweinebauch (Stand 9/28)!

Der Or Tor ist teurer als andere Märkte. Aber das zahlt sich durch die bessere Qualität der Produkte aus.

4. Der Jodd Fairs Nachtmarkt

Adresse:	Rama IX Rd, Huai Khwang
Anreise:	U-Bahn Blue Line, Station Phra Ram 9, Ausgang 2 Durch das Einkaufszentrum Central Plaza zum Markt gehen.
Öffnungszeiten:	11:00 – Mitternacht
Webseite:	https://www.facebook.com/JoddFairs

Im vergangenen Jahr wurde der berühmte "Train Night Market Ratchada" geschlossen (mittlerweile wieder unter neuem Management eröffnet). Bis zur Pandemie zählte er zu den touristischen Highlights Bangkoks. Nur 1 km stadteinwärts öffnete als Nachfolger im Dezember 2021 der Jodd Fairs Markt. Viele Stände des ehemaligen Ratchada sind hierher umgezogen.

Er ist wesentlich übersichtlicher als der alte Markt und überzeugt zugleich auch durch seine Sauberkeit und zahlreiche Sitzplätze.

Der Jodd Fairs öffnet um 11 Uhr und garantiert den Besuchern auch am späten Nachmittag noch reichlich Platz.

Die 600 Stände offerieren vielerlei – von leckerem Essen über Kleidung bis zu Kunsthandwerk und Pflanzen.

Im Abschnitt 16 befindet sich ein sehr schönes Sitz-Areal.

Gezogene Eis Röllchen

„Lang Saeb“

Meine Favoriten an den Essens Ständen: Sogenannte "Crazy Shrimps" als Finger Food direkt auf den Tisch. Im Camp Café das gesalzene Eigelb in Teig! Und vor allem das sensationelle "Lang Saeb" (hoch aufgetürmte, würzige, fleischige Schweineknochen) im Dias Maekhlong Restaurant.

5. Der schwimmende Markt von Khlong Lat Mayom

Adresse:	Soi Bang Ramat, Bang Phrom, auf der Thonburi Seite also westlich des Flusses
Anreise:	U-Bahn Blue Line, Station Lak Song. Ausgang 4.
Öffnungszeiten:	Samstag und Sonntag 08:00 – 17:00 Uhr (am besten vor 15:00 Uhr da sein)
Webseite:	https://www.facebook.com/taladnamkhlongladmayom/

Bangkok ist berühmt für seine schwimmenden Märkte. Sie entstanden zu einer Zeit, in der es - noch kein ausgebautes Straßennetz gab und der meiste Verkehr über die zahlreichen Kanäle abgewickelt wurde.

Die Boote dienten als schwimmende Verkaufsstände und viele sogar als Garküchen. Für zahlreiche Hollywoodfilme boten sie eine farbenprächtige Kulisse (z. B. bei James Bond).

Derzeit gibt es im weiteren Stadtgebiet noch sechs dieser Märkte. Die meisten werden jedoch nur noch für Touristen veranstaltet, was sich vor Ort am Angebot feststellen lässt. (Denn neben Kulinarischem sieht man hier hauptsächlich Souvenir-Stände).

Sie möchten eher einen ursprünglichen "Floating Market" erleben, den auch Einheimische besuchen? Dann fahren Sie auf die Westseite des Chao Praya nach Thonburi zum "Khlong Lat Mayom".

Diesen schwimmenden Markt gibt es erst seit 2004. Auf den Booten werden leckere Thai-Gerichte zubereitet, die Sie dann an Bambustischen in den einfachen Lokalen entlang des Kanals verzehren können. Frisches Seafood finden Sie hier zu günstigen Preisen. Aber auch die Nudelsuppen, das Pad Thai und der gebratene Reis schmecken hervorragend.

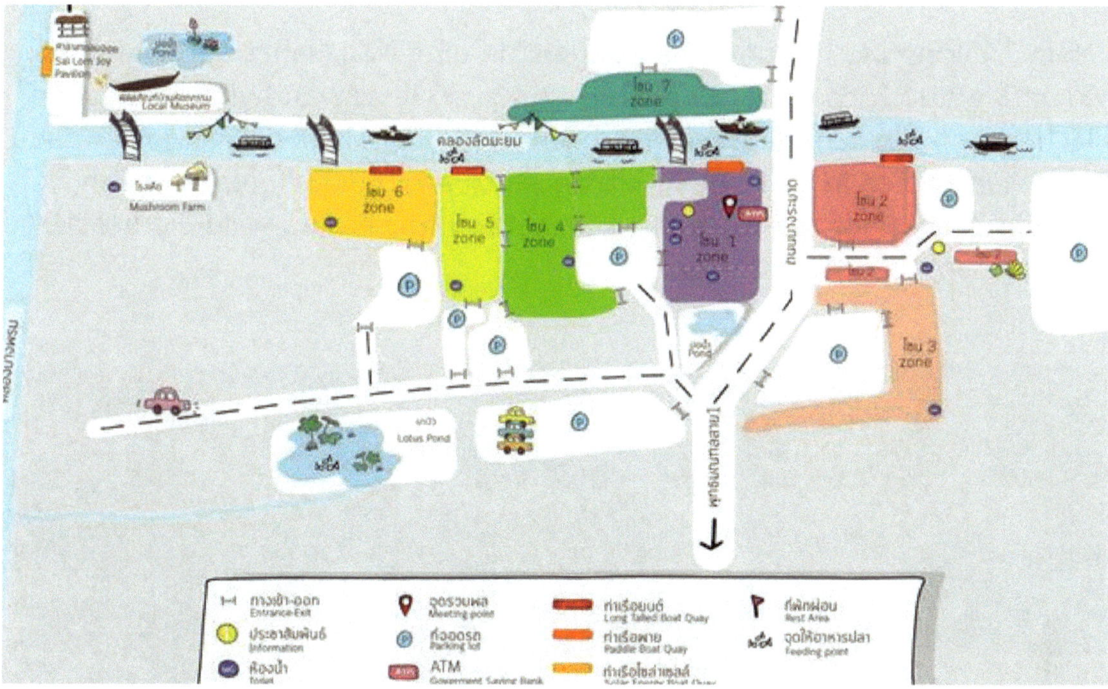

Nicht umsonst zählt der "Khlong Lat Mayom" zu den Lieblingsmärkten Thailands berühmtesten Food Bloggers Mark Wiens!

Der Markt ist in sechs Zonen unterteilt. Darin werden Waren von Kinderbekleidung und Spielzeug über Kunsthandwerk und Antikes bis hin zu Pflanzen, Früchten und Gemüse angeboten.

Im hinteren überdachten Teil befindet sich ein Fresh Market mit allerlei exotischen Früchten und außergewöhnlichen Gemüsesorten, die Thailand zu bieten hat. Ich empfehle Ihnen, vor allem etwas von den vielen regionalen Gerichten zu probieren, die hier angeboten werden.

Bootsfahrt durch die Kanäle

Preis:	1 Std. = 3 € (mehrere Teilnehmer) 1,5 Std. = 9 € (bei Buchung klären, dass Sie allein fahren)

Vom "Khlong Lat Mayom" aus können Sie eine Kanalfahrt unternehmen. Wenn Sie durch das Wasser gleiten und an Wiesen, landwirtschaftlichen Flächen und kleinen Häusern mit Bootsstegen vorbeifahren, werden Sie vergessen, mitten in einer Weltmetropole zu sein. Ein Gefühl, als wären Sie aus der Zeit gefallen und um Jahrzehnte zurückversetzt, wird Sie bei diesem kleinen Abenteuer erfüllen.

Fragen Sie am Floating Market, wo Sie ein Longtail Boot mieten können. 300 THB (9 €) für eineinhalb Stunden sind ein fairer Preis! Wenn Sie Glück haben, sind Sie die gesamte Zeit über allein. Aber es kann passieren, dass andere bei einem Zwischen-Stopp zusteigen.

Alternativ werden auch einstündige Fahrten mit mehreren Passagieren für 100 THB, also 3 €, angeboten. Wofür auch immer Sie sich entscheiden: Nehmen Sie sich auf jeden Fall die Zeit für eine dieser entschleunigenden Bootstouren!

Sie können Bangkoks Kanäle aber auch als ganz normale Verkehrswege nutzen. Nördlich der Sukhumvit führt ein Kanal quer durch die Stadt bis zur Altstadt. Die Fahrt kostet nur 16 THB (0,40 €)! Und sie sind schneller als mit dem Taxi!

F. Bangkoks exotische Parks

Die Hauptstadt Thailands beeindruckt mit vielen einmaligen historischen Bauten, den goldenen Kuppeln von mehr als 400 Tempeln. Aber Bangkok hat auch eine andere, weniger erfreuliche Seite: die täglichen, stundenlangen Verkehrsstaus und die teilweise extreme Luftverschmutzung. Inmitten dieses Chaos gibt es zum Glück grüne Oasen, die Sie aus all dem Lärm, Schmutz und der Hektik für kurze Zeit befreien können. Ob Sie frühmorgens joggen oder lieber in einem Park spazieren möchten – hier finden Sie ein wenig Schutz vor der brütenden Hitze.

Mittlerweile gibt es viele schöne Parks zwischen der Altstadt und der Sukhumvit Road mit ihren hohen Hoteltürmen. Ich mag allerdings auch die zahlreichen kleinen Nachbarschaftsparks, die über das ganze Stadtgebiet verteilt Frischluft spenden. Die Parks eignen sich auch sehr gut für ein leckeres Picknick! Neben den vorgestellten Parks gibt es noch weitere im Stadtgebiet, die ich in einer Google Maps Spezialkarte für Sie aufgeführt habe.

1. Lumphini Park – zwischen Waranen und Schildkröten

Adresse:	Rama IV Rd, Lumphini
Anreise:	Skytrain Silom Line, Station Saladaeng, U-Bahn: Blue Line, Station Silom, Ausgang 1.
Öffnungszeiten:	04:30 – 22:00 Uhr

Bester Foto-Spot: Von der Rooftop Bar Hi SO/ Bangkok im Sofitel Hotel (29. Stock) hat man einen herrlichen Blick auf den Park!

1925 machte König Rama VI. den Bürgern seiner Hauptstadt diesen wunderschönen Park zum Geschenk. Im weitläufigen Gelände mit seinem alten Baumbestand befinden sich zwei künstlich angelegte Seen. Für ein paar Baht können Sie sich auf ihnen mit einem Tretboot amüsieren. Bei einem Spaziergang durch den Park kreuzen an den Teichen Schildkröten, aber auch bis zu 2 m lange Warane Ihren Weg. Die sogenannten Monitor Lizards.

Gerade wenn Sie Bangkok mit Ihren Kindern besuchen, ist das ein besonderes Erlebnis.

Man sieht auch oft junge Familien beim Picknick auf den Wiesen, die sich in Geschäften der Silom Road oder an Garküchen rund um den Park mit allerlei Snacks versorgt haben.

Frühmorgens nutzen viele Thailänder den Park zum Frühsport. In Tai-Chi-Gruppen, an Fitnessgeräten oder beim Joggen. Der Lumphini verfügt über eine 2,3 km lange Rundstrecke.

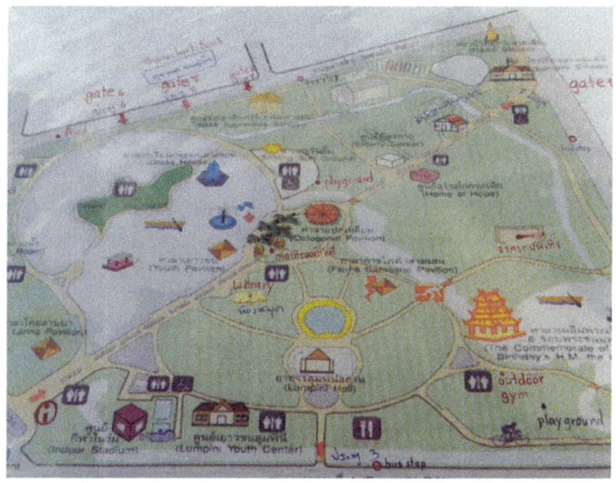

Von der Nordostecke des Parks aus können Sie auf einen "Skywalk" von 1,6 km wechseln, der über den Straßen Bangkoks zum Benjakitti Park führt. Dieser Weg bietet eine gesonderte Fahrradspur! Er ist von 06:00 - 21:00 Uhr geöffnet.

Wenn Sie in Thailand Urlaub mit ihren Kindern machen ist der Lumphini einer der besten Plätze, sie einmal richtig toben zu lassen. Der Park hat einen der schönsten Spielplätze der Stadt. Sie können sich auch in der Silom Rd. oder an einem der Stände rund um den Park etwas zu essen kaufen und dann gemeinsam auf der Wiese ein kleines Picknick im Schatten der Bäume veranstalten.

2. Benjakitti – Bangkoks größter Park

Adresse: Ratchadaphisek Rd, Khlong Toei

Anreise: Skytrain Sukhumvit Line, Station Asok, Ausgang 4.
oder
U-Bahn: Blue Line, Station Queen Sirikit Centre, Ausgang 3

Öffnungszeiten: 05:00 – 21:00 Uhr

Alternativ kann man den Benjakitti über einen Skywalk, die 1,6 km lange "Green Mile", beginnend in der Nordost-Ecke des Lumphini Parks, erreichen. Dieser Skywalk ist "generalüberholt" worden und bietet mittlerweile getrennte Spuren für Fußgänger und Radfahrer an.

Man kann beim Spaziergang zwischen dem Lumphini und dem Benjakitti die kleinen Nebenstraßen mit ihrem bunten Alltagsleben wunderbar „von oben“ beobachten.

Der „Lumphini-Benchakitti Park Walkway"

Mit 72 ha ist es Bangkoks größter Park. Die Fläche des Benjakitti hat sich 2021 beinahe verdoppelt, nachdem das Gelände der ehemaligen Tabakfabrik hinzugefügt wurde.

Der neu entstandene Forst- und Landschaftspark verfügt über vier Seen, einige Feuchtwiesen, viele Arten heimischer Pflanzen und diverse Sportstätten. Hochwege führen über das Gelände. Durch sie entstehen besondere Schutzzonen für die Tierwelt im Park.

Besonders schön ist es, hier abends spazieren zu gehen, wenn viele Tiere ihre nächtlichen Beutezüge starten. Wenn Sie sich für die Tier- und Pflanzenwelt des Landes interessieren ist dies ein guter Platz für Sie. Die beste Zeit gerade kleinere Tiere zu sichten ist in den frühen Abendstunden.

Der Park besitzt auch ein Amphitheater für ca. 15.000 Personen, das künftig für Konzerte und andere Open-Air-Veranstaltungen genutzt werden soll.

Sportlern dienen eine 1,8 km lange Jogging-Strecke und ein Radweg von 3,4 km.

3. Benchasiri Park

Adresse:	Sukhumvit Sois 22 - 24, KhlongTan
Anreise:	Skytrain Sukhumvit Line, Station Phrom Phong, Ausgang 6
Öffnungszeiten:	05:00 – 21:00 Uhr

Dieser schöne kleine Park an der Sukhumvit Road wurde 1992 eröffnet. Er ist Königin Mutter Sirikit gewidmet. Sein Zentrum bildet ein großer See, um den herum Sektoren für verschiedene Tätigkeiten und Sportarten angeordnet sind.

Zum Auspowern lädt ein Volleyballfeld, der Basketballkorb und für die Kleinen ein Kinderspielplatz ein. Der kleine Rundweg im Park, der sich gut fürs Joggen eignet, ist 600 m lang.

Das grüne Areal unmittelbar neben den überfüllten, hektischen Einkaufszentren Emporium und EmQuartier wird von vielen aus der Nachbarschaft genutzt, um sich während der Mittagspause zu erholen.

Am schönsten ist der Park am Abend des Loy Krathong Festes im November, wenn viele Thailänder aus der Nachbarschaft mit ihren Kindern hierherkommen, um kleine kunstvolle Krathongs (Kerzengestecke) im See auszusetzen. Ein wunderschöner Anblick.

4. Khao Mo Mountain Replica Parc (Wat Prayun) – Mein Geheimtipp

Adresse:	Thetsaban Soi 1, Thonburi (Westseite des Chao Praya)
Anreise:	Sathorn Pier, Express Boot bis Memorial Bridge (N 6). Zu Fuß über die Brücke zum Wat Prayun. Vor dem Tempel befindet sich der schmale Eingang.
Öffnungszeiten:	07:00 – 18:00 Uhr

Dieser wunderschöne kleine Park ist ein echtes Kleinod, welches die wenigsten Touristen kennen. Im Wesentlichen ist es ein Steingarten, in dem viele mythische Figuren einen Teich säumen.

Sein Spitzname ist „Schildkröten-Park", denn die Tiere warten zutraulich am Teichrand darauf, von Besuchern gefüttert zu werden.

Kleine Brotstücke können Sie am Eingang für 0,50 € erstehen. Das Brot stecken Sie auf einen langen, dünnen Holzspieß. Damit füttern Sie die Tiere, die sich über die kleinen Leckerbissen freuen. Kinder lieben diesen Park!

Der Khao Mo zählt zu meinen Lieblingsorten, wenn ich etwas Ruhe suche.

Das Zentrum des Parks bildet der sogenannte Khao Mo, eine Nachbildung des im Buddhismus legendären Berges Mount Meru. Er ist mit Türmchen, Geisterhäusern und kleinen Schreinen verziert. Diese Replik ist 180 Jahre alt und gilt als größte ihrer Art in Thailand.

Sie können auf kleinen Bänken oder Steinstufen am See sitzen und sich entspannen

Man kann den Besuch des kleinen Parks sehr gut mit einer Erkundung des mächtigen Wat Prayun Tempels gleich nebenan kombinieren und einen Zwischenstopp im alten Terrassen-Café **"My Grandparents House"** (Seite 28), einem meiner Lieblingsplätze am Fluss, einlegen. Planen Sie für alles zusammen, also den Besuch des Tempels, des Parks und des Cafés samt Anreise ca. 3 Stunden ein. Näheres dazu finden Sie in meiner **Restaurantliste bei Google Maps** (https://www.google.com/maps/d/edit?mid=1taGUmFmH99QjUBGAIWLkLE8kRB-crZ30&ll=13.72405999195832%2C100.5851439500003&z=11)

G. Sehenswürdigkeiten

Diese lohnen sich

Sowohl der berühmte Tempel Wat Pho als auch der Königspalast stehen auf jedem Besichtigungsplan für Bangkok. Also sicher auch auf Ihrem. Wenn Sie aber auch die kleinen, verborgenen Schätze jenseits des Touristentrubels mögen, hat die Hauptstadt des Königsreichs noch wesentlich mehr zu bieten.

Zum Beispiel finden sich hier malerische Bauten, die entstanden, als Bangkok noch einen ländlichen Charakter hatte: von zahlreichen Kanälen durchzogen, auf denen sich das Alltagsleben abspielte. So malerisch war Bangkok noch bis in die späten fünfziger Jahre! Solche Kleinode haben verloren zwischen den Hochhäusern, Bürobauten und teure Condo-Wohntürme überlebt. Nur noch wenige Touristen besuchen die ehemaligen Bauwerke.

Meine Empfehlungen habe ich in einer gesonderten Google Maps Liste zusammengestellt. Dazu gehört auch eine Route, die sie zu Fuß gehen können. Und die neben ausgewählten Highlights auch einige sehr gute Street Food Anbieter entlang des Weges aufweist.

I. Wat Pho und der Königspalast

Der Palast und die Tempelanlage am Ufer des Chao Praya bilden das kulturelle Herz Thailands. Beides ist eine Besichtigung wert. Allerdings müssen Sie damit rechnen, dass diese Besuchermagneten sehr viele Menschen anlocken! Wenn Sie für gute Fotoaufnahmen ungestörter sein möchten, dann kommen Sie gleich nach der Öffnung des Tempels um 8 Uhr morgens.

Ganz wichtig ist es, die Kleiderordnung zu beachten. Keine Flip-Flops oder Sandalen, keine kurzen Hosen, keine ärmellosen Hemden!

Notfalls erhalten Sie rockartige Umhänge am Eingang. Die Tempel dürfen Sie nur ohne Schuhe betreten und in den Gebäuden selbst darf nicht fotografiert werden!

Beide Anlagen sind von solch überwältigender Schönheit und mit so vielen Eindrücken verbunden, dass ich Ihnen dringend empfehle, sich nur einige Punkte auszusuchen, die Sie gezielt besuchen. Ansonsten kann die Reizüberflutung mit schönen Dingen die Freude nehmen.

Sie können aber auch nur eines dieser beiden Highlights besuchen und dann einen kleinen Spaziergang durch die Altstadt zur Riesenschaukel machen.

Ich habe für Sie eine Sonderkarte für all die Sehenswürdigkeiten dieses Kapitels bearbeitet. (**Google Maps Karte Sehenswürdigkeiten**) Darin ist auch dieser Spaziergang enthalten. Zusammen mit einigen der besten Street Food Geschäfte Bangkoks. Und am Ende einer preiswerten, sehr schönen Sky Bar (falls Sie diese Erkundung nachmittags unternehmen, ist es ein schöner Abschluss).

Wat Pho

Adresse: 2 Sanam Chai Rd, Phra Nakhon
Anreise: Skytrain Silom Line, Station Saphan Taksin, Ausgang 2, zur Sathorn Pier, Express Boot bis zur Pier N8 Tha Tien

Öffnungszeiten: 08:00 – 18:00 Uhr

Führung buchen:
GetYourGuide: https://www.getyourguide.de/bangkok-l169/grosser-palast-wat-pho-wat-arun-private-tempelfuhrung-t161661/
Tour (4 – 5 Std.) Königspalast und Wat Arun für 69 € inclusive.

Klook: https://www.klook.com/activity/49287-sleeping-buddha-in-bangkok-with-online-tour-guide/?krt=undefined&krid=undefined&spm=Experience_Vertical.SearchSuggest_LIST&clickId=aca155057c

Tour Wat Pho (50 Minuten) 11 €
Eintritt: 200 THB / 6 €

Die Ursprünge der Tempelanlage gehen bis ins 17. Jahrhundert zurück. Damals war Ayutthaya, das flussaufwärts liegt, noch Hauptstadt von Siam.

Der Wat Pho schließt sich an den Königspalast an. Ein Besuch der beiden imposanten Anlagen lässt sich also gut kombinieren. Ich rate dringend dazu, bereits früh morgens vor Ort zu sein, bevor die Touristenströme starten! Nur dann hat man noch eine Chance, einzigartige Aufnahmen der vielen kleinen Plätze hinter den großen Gebäuden zu machen!

Die Hauptattraktion ist der liegende Buddha. Er ist 45 m lang und 15 m hoch. Im Inneren besteht er aus Steinen und Gips. Vor wenigen Jahren wurde er komplett neu vergoldet. Seine Fußsohlen sind mit kunstvollen Perlmutt-Arbeiten verziert.

In den Jahren 1831 – 1841 wurden im Wat Pho über 1.400 Wandinschriften und Gemälde angebracht, die das damalige Wissen über die Heilkunst und die Lehre der Massage darboten. Es lohnt sich, für die Betrachtung der kleinen Bilder etwas Zeit aufzuwenden.

Meine Lieblingsplätze im Wat Pho verstecken sich hinter den großen Tempeln und Chedis. Erst auf den zweiten Blick sichtbar, zeigen sich viele malerische, kleine Höfe mit Bonsais, Figuren und Wasser-Spielen.

Kinder interessieren sich in der Tempel Anlage besonders für die großen mythischen Figuren, die ihre Phantasie anregen. Außerdem können Sie beim liegenden Buddha viele 1 Bath Münzen in Schalen werfen, was ihnen ersichtlich Spaß bereitet!

Massage im Wat Pho

Wat Pho gilt als Wiege der Thai-Massage. Sie können am Ende Ihres Rundgangs für 600 THB (20 €) eine einstündige Thai-Massage genießen, nach der Sie sich wie neu geboren fühlen.

Der Königspalast

Adresse: Na Phra Lan Road, Grand Palace

Anreise: Skytrain Silom Line, Station Saphan Taksin, Ausgang 2 zur Sathorn Pier. Dann mit dem Express Boot bis zur Pier N9 Tha Chang

Öffnungszeiten: 08:30 – 15:30 Uhr

Führung buchen:

GetYourGuide: https://www.getyourguide.de/bangkok-l169/grosser-palast-wat-pho-wat-arun-private-tempelfuhrung-t161661/

Tour 4 – 5 Stunden 69 € (incl. Wat Poh und Wat Arun)

Klook: https://www.klook.com/activity/22759-grand-palace-emerald-buddha-ticket-bangkok/?spm=Activity.YouMayAlsoLike%3Acommon%3A%3Arecommend_activity%3AActivity_LIST&clickId=317398d252

Königspalast Tour 1 - 2 Std. 12 €

Eintrittspreis: 500 Bath (15 €, Kinder unter 120 cm frei)
Audioguide: in Deutsch: 200 THB (6€)

Der Königspalast wurde 1782 errichtet und bis zum heutigen Tage ständig erweitert bzw. umgebaut. Alle thailändischen Könige lebten auf diesem Gelände bis der vorletzte König, Rama IX., 1946 seine Residenz in den Chitralada Palast verlegte. Mittlerweile umfasst das Areal mehr als 100 Gebäude.

Neben dem Tempel des Smaragd Buddhas sind prachtvolle Residenzen und Thronsäle nur zum Teil der Öffentlichkeit zugänglich. Eindrucksvoll ist auch ein originalgetreues Modell von Angkor Wat aus dem Jahr 1882 (Kambodscha war damals Vasallenstaat von Siam). Spektakulär ist der zentrale Hof des Palastes, in dem schon König Rama I. gekrönt wurde.

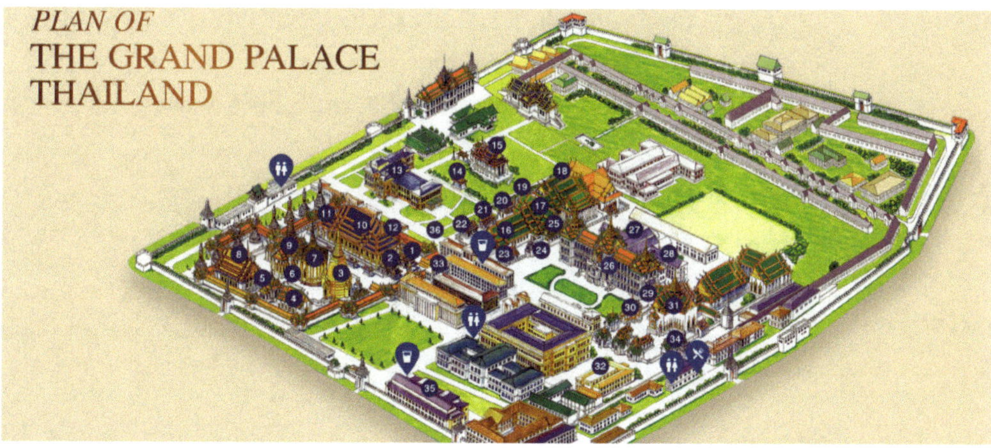

Das Areal ist groß und bietet so viele Höhepunkte, dass man leicht von all den Eindrücken überwältigt wird. Damit der Besuch trotzdem Spaß macht, möchte ich Ihnen einige Tipps geben.

1. Beginnen Sie früh morgens, wenn noch nicht viele Touristen anwesend sind.

2. Suchen Sie sich nur 2 – 3 Höhepunkte aus, die Sie erkunden möchten.

3. Es gibt sehr gute Audio-Guides auf Deutsch. Die 200 Bath (6 €) lohnen sich.

4. Ansonsten empfehle ich eine geführte Tour in einer kleinen Gruppe.

Was ich besonders mag: Die riesigen, furchteinflößenden Wächterfiguren rund um den Tempel des Jade Buddhas.

2. Schlangen Show (Queen Saovabha Memorial Institute)

Adresse:	1871 Rama IV Rd
Anreise:	U-Bahn Blue Line, Station Samyan, Ausgang 2, oder Skytrain Silom Line, Station Saladaeng, Ausgang 5.
Öffnungszeiten:	Montag – Freitag: 09:30 – 16:30 Uhr Wochenende: 08:30 – 12:00 Uhr
Webseite:	https://www.saovabha.org/service_saovabha/Snake-Farm-Services

Shows:

Schlangengift melken	11:00 Uhr
Die große Schlangenshow	14:30 Uhr

Eintrittspreis: 70 THB (2,50 €)

Die Schlangenfarm wurde 1922 zusammen mit einem Institut eingerichtet, um Serum für die Bevölkerung gegen Schlangenbisse zu gewinnen. Derzeit werden ca. 50 giftige Schlangenarten gehalten, die in Thailand heimisch sind.

Darunter z. B. verschiedene Kobras, Kraits, Vipern u. v. m. Die Schlangenfarm kombiniert zwei Freigehege und ein Drahtgehege.

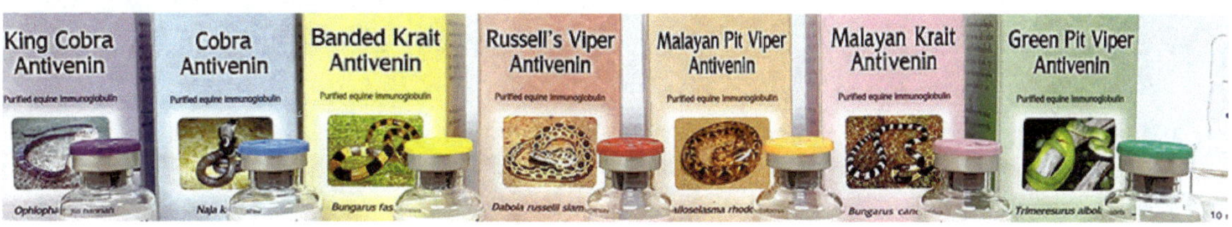

Morgens um 11:00 Uhr wird gezeigt, wie Giftschlangen "gemolken" werden, um Serum zu gewinnen. Nachmittags um 14:30 Uhr folgt eine Show, in der Sie verschiedene Giftschlangen sehen und zusätzlich viel über ihre Gefährlichkeit, ihr Verhalten und den sicheren Umgang mit ihnen erfahren.

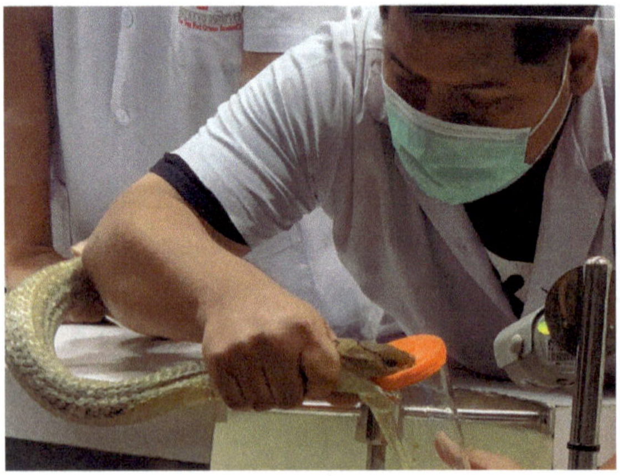

Gift der Schlangen „melken"

Schlangenshow mit Monokel Cobras

Es ist wie mit vielen wilden Tieren Thailands, denen Sie im Dschungel, teilweise auch in Städten begegnen können. Kenntnisse und richtiges Verhalten können Ihnen viele Ihrer Ängste nehmen. Bei mir hat es jedenfalls geholfen;) Ich kann einen Besuch der Schlangenfarm nur wärmstens empfehlen!

3. Das So Heng Tai Mansion

Adresse:	282 Soi Wanit 2, Talat Noi
Anreise:	Skytrain Silom Line, Station Saphan Taksin, Ausgang 2. Von der Sathorn Pier Express Boot bis Pier Marine Department (N 4)
Webseite:	https://www.facebook.com/Sohengtai/
Öffnungszeiten:	Dienstag bis Sonntag 09:00 - 18:00 Uhr

Bangkok verliert mehr und mehr seiner alten historischen Gebäude zu Gunsten des Baus neuer Top-Hotels, Büro-Hochhäuser und riesiger Apartment-Blocks.

Einen öffentlichen Denkmalschutz in unserem Sinne gibt es nicht. Lediglich Tempel und königliche Bauten sind vor der Bauwut sicher. Besitzer alter Häuser rund um die Altstadt werden von Immobilien-Haien zum Teil mit Millionensummen gelockt, um zu verkaufen. Dass jemand solchen finanziellen Verlockungen widersteht, grenzt an ein Wunder.

Das mehr als 200 Jahre alte So Heng Tai steht für den Widerstand einer Thai-Chinesischen Händler-Familie gegen den Geldadel.

Dabei muss dieser Clan wirklich kämpfen, um regelmäßig das Geld für die Instandhaltung aufzutreiben. Solch flach gebaute zweistöckige Handelshäuser aus Teakholz, mit geschwungenen chinesischen Dächern um einen großzügigen Innenhof, prägten früher die gesamte Chinatown.

Nur noch das So Heng Tai Mansion zeigt, wie es ehedem in diesem Stadtteil aussah. Malereien auf Türen und Mauern und in die Wände eingefügte, bemalte Porzellan-Figuren lassen die frühere Pracht erahnen.

1985 hat die Familie des Besitzers ein 3 m tiefes Wasserbecken in den Innenhof eingebaut. Es sieht deplatziert aus. Aber mit der Tauchschule wird das Geld für die Erhaltung dieses Kleinods erwirtschaftet.

Der Eintritt ist frei. Aber wenn man sich dieses schöne Haus angesehen hat, kann man für dessen Erhalt gerne eine Kleinigkeit spenden!

4. Rund um den "Giant Swing"

Östlich des Königspalastes lockt der nächste imposante Ort in der Altstadt zu einem Besuch. Dicht an dicht reihen sich hier gleich mehrere Attraktionen, die um Ihre Aufmerksamkeit buhlen. Neben einer wahrhaftigen Riesenschaukel und einem bemerkenswerten, alten Tempel, thront hier über allem eine Rooftop Bar, von der aus Sie einen herrlichen Blick über die Altstadt haben und ungezwungen den Urlaubsabend ausklingen lassen können.

Der "Giant Swing" (Die Riesenschaukel)

Adresse:	46 Bamrung Mueang Rd, Wat Ratchabophit
Anreise:	U-Bahn Blue Line, Station Sam Yot, Ausgang 3

Die 21 Meter hohe Schaukel wurde 1784 unter König Rama I. errichtet. Sie besteht aus Teakholz-Stämmen aus der Provinz Phrae. Ursprünglich wurde sie jedes Jahr während eines alten Brahmanischen Festivals Mitte Dezember verwendet.

Tollkühne Männer schwangen sich auf der Schaukel bis in 24 m Höhe, um dort unter dem Jubel der Menge ein Säckchen Silbermünzen mit den Zähnen zu fassen.

Da es bei diesem gefährlichen Spektakel immer wieder zu schweren Unfällen kam, wurde es 1932 eingestellt. Der Schaukelsitz wurde entfernt.

Wat Suthat Thepwararam

Adresse:	146 Bamrung Mueang Rd, Wat Ratchabophit
Anreise:	U-Bahn Blue Line, Station Sam Yot, Ausgang 3.
Öffnungszeiten:	08:30 – 21:00 Uhr
Webseite:	https://www.facebook.com/WatSuthatBangkok/

Für mich zählt er zu den schönsten Tempeln Bangkoks. König Rama I. ließ ihn ab 1807 errichten, um eine alte Buddha Statue aus der ehemaligen Hauptstadt Sukhotai aus dem 13. Jahrhundert aufzunehmen. In der Folgezeit wurden meisterlich geschnitzte Türen eingebaut und die gesamten Innenwände mit Malereien aus dem Leben des Buddha ausgeschmückt, die zu den schönsten Tempelmalereien Thailands überhaupt gehören. Deutschland hat sich in den achtziger Jahren finanziell an der Renovierung dieser Kostbarkeiten beteiligt.

Was mich immer wieder zum Besuch des Wat Suthat bewegt: Hierher verirren sich kaum Touristen. Diese bevorzugen den Königspalast und Wat Pho.

Ich hingegen mag die Ruhe und entdecke hier jedes Mal etwas Neues. Und gleich gegenüber lockt eine sehr schöne und preiswerte Sky Bar nach dem Ende der Tempel Besichtigung zum Besuch.

Die Swing Bar (im Chiang Cha Hostel)

In dieser Sky Bar gibt es keinen Dresscode. Die Atmosphäre ist ungezwungen, die Preise sind sehr günstig und der Blick über Platz und Tempel lohnt sich.

Besonders in den Abendstunden bietet sich eine wunderbare Kulisse! (Mehr zur Swing Bar auf Seite 53 und auf meiner Google Maps Spezialkarte „Sky Bars"(siehe Anhang Seite 220)

5. Das Künstlerhaus Baan Silapin

Adresse:	315 Wat Tong Salangam, Phet Kasem 28
Anreise:	U-Bahn Blue Line, Bang Phai, Ausgang 4. oder Mit dem Taxi bis zur Charan Sanitwong 3 und dann in der Soi 28 über die Brücke. Links ist der Floating Market, dahinter das Silapin.
Öffnungszeiten:	10:00 – 16:00 Uhr
Webseite:	https://www.facebook.com/BaanSilapin/

Das Baan Silapin Künstlerhaus ist eine wahre Perle unter den touristischen Attraktionen der Hauptstadt. Es wird nur in wenigen Reiseführern erwähnt. Das Haus befindet sich am Khlong Bang Luang, einem alten Kanal.

Direkt daneben wird an den Wochenenden ein schwimmender Markt veranstaltet. Wenn Sie eine Oase der Ruhe suchen, ist das Baan Silapin richtig für Sie. Eine stille Nachbarschaft mit dem Charme des ursprünglichen Lebens an einem Kanal.

Das zweistöckige Baan Silapin wurde vor mehr als 200 Jahren komplett aus Teak Holz erbaut. Damals war diese westliche Seite des Chao Praya, also Thonburi, noch Hauptstadt von Siam.

Das „Baan Silapin“

Das Haus gehört einem Maler, der es zu einem Zentrum für künstlerische Aktivitäten ausgebaut hat. Sie können einheimischen Kindern zusehen, die Masken bemalen oder traditionelle thailändische Tänze lernen.

Wenn Sie selbst mit Kindern unterwegs sind. Fragen Sie einfach, ob diese an solchen Malkursen teilnehmen können. Für die Kleinen ist das ein toller Spaß!

Erstehen Sie eine der sehr schönen handgemalten Karten für wenig Geld, eine farbenfrohe Maske oder sonstiges Kunsthandwerk. Ich empfehle auch, die Galerie im ersten Stock zu besuchen.

Sie können sich aber auch in dem kleinen Café, das zum Haus gehört, etwas zu trinken bestellen und sich dann von der Muse küssen lassen.

Wenn Sie etwas essen möchten, ist das Ran Krua Kan Aoy Restaurant gleich nebenan meine Empfehlung für Sie.

Die Hauptattraktion des Künstlerzentrums ist das traditionelle Marionettentheater. Ich selbst habe eher zufällig vor Jahren eine Aufführung gesehen und war sofort fasziniert. Die Puppenspieler sind ganz in schwarz gekleidet. Ihr Spiel verleiht den Marionetten eine Lebendigkeit, die Sie die Spieler dahinter schnell vergessen lässt.

Die Aufführungen finden an den Wochenenden statt. Sie dauern nur 15 Minuten, sind aber absolut fesselnd. Schon allein für diese kostenlose Marionetten-Aufführung lohnt sich der Ausflug zum Silapin Künstlerhaus!

H. Kunst – Von Musik bis zu modernen Museen und Galerien

Bangkok ist eine Stadt voller Kultur. Schon allein die mehr als 400 Tempel die vielen Paläste und privaten alten Prachtbauten zeugen davon. Aber Bangkok ist auch eine vibrierende, moderne Stadt. Mit einer äußerst aktiven Musik- und Kunstszene.

Insbesondere in den vergangenen 20 Jahren hat sich viel in Richtung Internationalisierung des Kulturbetriebes bewegt. Dazu haben Einrichtungen wie die Mahidol Universität in der Musikerausbildung und die Silpakorn Universität in den bildenden Künsten beigetragen.

Aber auch Privatpersonen wie Somtow Sucharitkul im Bereich der klassischen und zeitgenössischen Musik und Boonchai Bencharongkul im Bereich der bildenden Kunst.

Zwei Museumsneubauten, das Museum für zeitgenössische Kunst (MOCA) und das Bangkok Kunst und Kulturzentrum (BACC) haben schließlich geholfen, dass sich auch eine aktive Galerie Szene entwickeln konnte.

I. Musik von Klassik bis zu Blackpink

Viele Jahre lang bestand das Hauptproblem für junge Musiker darin, dass es zwar sehr gute Ausbildungsmöglichkeiten in der Hauptstadt gibt., Aber zu wenige Aufführungsmöglichkeiten. Zumindest im Bereich der Klassischen Musik. Es ist unzweifelhaft das Verdienst eines Mannes, das geändert zu haben.

Somtow Sucharitkul heißt dieses Multitalent, das mittlerweile schon mehreren Generationen junger Musiker geholfen hat, ihren Platz im internationalen Musikleben zu erobern.

2010 gründete er die „Siam Sinfonietta" als Jugendsinfonieorchester. Schon zwei Jahre später gewannen sie im berühmten Wiener Musikvereins Saal den 1. Preis eines internationalen Wettbewerbs.

Seither bildet das Orchester die Speerspitze der klassischen Musik Avantgarde des Landes. Die jungen Musiker zwischen 14 und 24 Jahren spielen das gesamte Repertoire klassischer Musik und haben sich auch schon als Opernorchester bzw. Musical Orchester einen Namen gemacht. Zahlreiche südostasiatische Uraufführungen berühmter Werke sind ihnen zu verdanken. So der gesamte Mahler Zyklus aber auch Wagner Opern, die zuvor in der Region nicht aufgeführt wurden.

Die Pandemie hat viele dieser musikalischen Aktivitäten gestoppt. Langsam erholt sich die Szene. Die „Siam Sinfonietta!“ konzertiert mittlerweile häufiger im berühmten Banyan Tree Hotel. Sund vor kurzem erstmals auch wieder im „Thailand Cultural Centre“.

Da es exakte Saisonpläne anders als bei uns kaum gibt (die Events müssen immer gesondert finanziert werden) hilft es nur, sich kurzfristig online zu informieren.

Siam Sinfonietta und Opera Siam

Webseite: https://www.facebook.com/OperaSiam/

Auf dieser Facebook Seite finden Sie regelmäßig Infos zu geplanten Veranstaltungen der „Siam Sinfonietta“. Und hoffentlich auch in Kürze wieder auf geplante Opernaufführungen!

Royal Bangkok Symphony Orchestra

Informationen zu den Konzerten:

Open Air Konzerte:

Webseite: https://www.rbsothailand.com/programmes/

Veranstaltungen:

Webseite: https://www.facebook.com/royalbangkoksymphony

Dieses Orchester unter königlicher Patronage veranstaltet regelmäßig Konzerte, bei denen auch internationale Künstler auftreten.

Sie finden zumeist im Thailand Cultural Centre statt, das auch mit der U-Bahn (Blue Line, Station Thailand Cultural Centre) gut zu erreichen ist.

Nähere Informationen zum Programm auf der Webseite. Besonders beliebt sind die kostenlosen Open-Air-Konzerte, die das RBSO seit 30 Jahren jeweils im Januar und Februar an den Wochenenden im Lumphini Park veranstaltet.

Bangkok als Tournee Station internationaler Top Künstler

Auch Weltstars der Pop Musik treten regelmäßig in der Hauptstadt Thailands auf. Im Januar gastierte Blackpink am Chao Praya. In diesem Jahr sind außerdem noch Konzerte u.a. von Harry Styles, Bryan Adams und One Republic in der Impact Arena. geplant Weitere Top Acts werden hinzukommen. Also bei der Urlaubsplanung ruhig einmal die Veranstalterseiten checken.

Karten für alle Musik Events können Sie hier vorab buchen:.

Thai Ticket Major: https://www.thaiticketmajor.com/concert/

Ticketmelon: https://www.ticketmelon.com/

Informationen über bevorstehende Konzerte, Ausstellungen und sonstige kulturelle Aktivitäten finden Sie immer auf den entsprechenden Seiten der beiden großen englischsprachigen Tageszeitungen in Bangkok und des BK Magazins:

BK Magazine: https://bk.asia-city.com/things-to-do-bangkok

Bangkok Post: https://search.bangkokpost.com/search/result?category=all&&q=concerts

The Nation: https://www.nationthailand.com/search?q=concerts

2.Museen und Galerien

Thailand ist ein traditionsbewusstes Land, sehr auf die eigene Geschichte konzentriert. Entsprechend war die öffentliche Förderung im Bereich der Kunst bis vor wenigen Jahrzehnten vor allem auf Traditionelles konzentriert.

Erst langsam finden zeitgenössische Malerei und Bildhauerei ein wachsendes Publikum. Was vor allem vielfältigen privaten Initiativen und zwei großen Kunstinstitutionen zu verdanken ist.

BACC

Bangkok Arts and Cultural Centre (BACC)

Adresse:	939 Rama I Rd, (Siam Square)
Anreise:	Skytrain Sukhumvit und Silom Line, Station Siam, Ausgang I über den Skywalk Richtung MBK auf der rechten Seite hinter der Kreuzung
Öffnungszeiten:	Di – So 10:00 – 20:00 Uhr
Webseite:	https://www.bacc.or.th/

Das BACC wurde 2008 nach jahrelangen politischen Diskussionen eröffnet. Ein kleines Wunder, wenn man sich vor Augen hält, dass dieses nicht kommerzielle Projekt mitten im Zentrum des florierenden Geschäftslebens etabliert wurde. Wo sonst nur neue gigantische Einkaufszentren entstehen. Das BACC verfolgt einen multifunktionalen Ansatz. Neben permanenten und temporären Ausstellungen finden hier auch Konzerte, Lesungen, Diskussionen statt. Es versteht sich vor allem als Zentrum für jede Art von kulturellem Austausch.

Flashmob der „Siam Sinfonietta“ (https://www.facebook.com/watch/live/?ref=watch_permalink&v=273338031 0040832) (ab Min. 4:00) und anderer Thai Jugendorchester im BACC am 18.12.2019 zum 250. Geburtstag von L v. Beethoven (Ode an die Freude).

Höhepunkt ist mittlerweile alle zwei Jahre die "Bangkok Art Biennale". Wann auch immer Sie Bangkok besuchen. Beim Shopping zwischen MBK und Siam Paragon lohnt sich ein Abstecher ins BACC!

Museum of Contemporary Art (MOCA)

Adresse:	499 Kamphaengphet 6 Road, Ladyao, Chatuchak
Anreise:	SRT Red Line ab Bang Sue bis zur Station Bang Khen
Öffnungszeiten:	Di – So 10:00 – 18:00 Uhr, Montag geschlossen
Webseite:	https://mocabangkok.com/
Eintritt:	250 THB/ 8 €

Das 2012 eröffnete MOCA zählt zu den größten Museumsneubauten in Südostasien. Es ist der Sammlertätigkeit und dem enormen finanziellen Engagement eines einzelnen Kunstförderers zu danken. Boonchai Bencharongkul, Gründer und Chef des thailändischen Mobilfunk Imperiums DTAC.

Seine Sammlertätigkeit beruht auf den Grundideen des Florentiner Professors Silpa Bhirasri (Corrado Feroci), der während seiner Lehrtätigkeit in Thailand versuchte, traditionelle spirituelle thailändische Sichtweisen mit den Entwicklungslinien westlicher Kunst zusammen zu bringen. Diese Herausforderung hat viele junge Künstler im Land bis zum heutigen Tag geprägt.

Wie bei allen großen Kunstmuseen weltweit ist auch das Verhältnis des MOCA zur Kunstszene im Land ambivalent.

Faszinierend finde ich den Ansatz, ganz bewußt kein rein zeitgenössisches Museum anzubieten. Sondern die theoretische Herleitung aus der Geschichte und traditionellen Mythologie auch durch Sammlungen optisch in das Bewusstsein des Besuchers zu bringen. Beispielhaft ist die Sammlung alter Khon Masken.

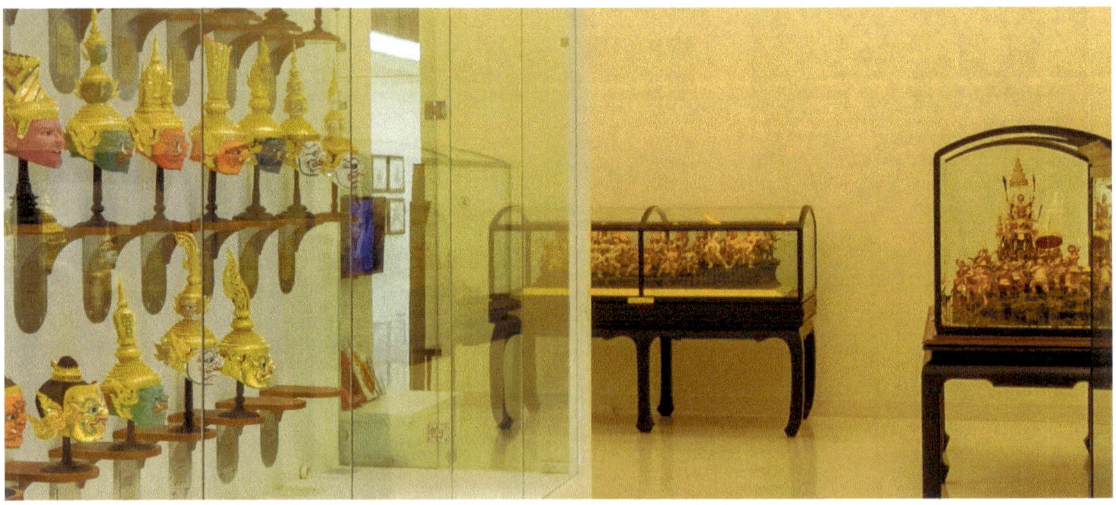

Demgegenüber dann die Auseinandersetzung mit der Moderne. Die aber nicht als Avantgarde präsentiert wird. Vielmehr wird versucht, mit

Beispielen der „klassischen Moderne" die Auseinandersetzung zwischen Strömungen der internationalen zeitgenössischen Kunst und den thailändischen Antworten darauf zu präsentieren.

Galerien in Bangkok

Rund um die Entwicklungen des MOCA und des BACC hat sich in den letzten 10 Jahren langsam, aber stetig eine ganz eigene Galerieszene entwickelt. Einen wesentlichen Anteil an der Förderung des Nachwuchses hat die Silpakorn Universität eingenommen.

Es gibt nicht DAS hippe Viertel mit Galerien in Bangkok, aber kleinere Nachbarschaftskonglomerate, in denen sich Kreative wohl fühlen und Gleichgesinnte nachziehen.

Beispielhaft ist das Stadtviertel zwischen Chao Praya und der Charoengkrung Road, in dem in den vergangenen Jahren alte Häuser und Warenlager zu Galerien und Kunstzentren umgebaut wurden.

ATT19

Adresse:	19 Captain Bush Ln Soi Charoen Krung 30
Anreise:	Skytrain Silom Line bis Saphan Taksin. Ausgang 2. An der Sathorn Pier mit dem Express Boot bis zur Si Phraya Pier.
Öffnungszeiten:	Mo – Sa 11:00 – 19:00 Uhr
Webseite:	https://www.facebook.com/ATT19.BKK/

Die Galerie ist in einer 120 Jahre alten chinesischen Schule untergebracht, die 2017 geschlossen wurde. Statt daraus einen weiteren großen Condo Neubau entstehen zu lassen, beschloss die Besitzerfamilie das Haus liebevoll zu restaurieren und ein multifunktionales Kunstzentrum zu schaffen. Das ATT19 ist etwas ganz Besonderes, das aber auch exemplarisch für die Situation in Bangkok steht..Anders als in Paris, New York oder Berlin gibt es keine langsam gewachsene Kunstszene, in der große Museen mit ihrer Sammlungtstätigkeit und einer breit gestreuten diversifizierten Galerie Szene interagieren und konkurrieren.

In Bangkok übernehmen Galerien wie das ATT19 oft gleichzeitig mehrere Funktionen vom Museum über die Kunstgalerie bis zur Fashion Week. Das alles ist nur möglich, weil die Besitzerfamilie es jedem Mitglied ermöglicht ,sein bzw. Ihr persönliches Betätigungsfeld zu entwickeln.

Betritt man das Haus durch die gigantischen alten Holzportale, so öffnet sich im Erdgeschoß ein Raum mit allerlei Antiquitäten, aber auch besonderem Kunsthandwerk. Im oberen Stockwerk befindet sich ein eindrucksvoller Galerieraum. Hier stellen junge thailändische, aber auch internationale Künstler aus

SAC Galery

Adresse: 160/3 Sukhumvit 39, Kwaeng Klongton Nuea
Anreise: Skytrain Sukhumvit Line, Station Phrom Phong, Ausgang 3, dann in die Soi 39

Öffnungszeiten: Di – So 10:00 – 18:00 Uhr

Webseite: https://sac.gallery/

Die SAC-Galerie wurde 2012 als Kunstraum mit einer Fläche von mehr als 100 qm auf vier Etagen gegründet.

Sie hat sich der Förderung thailändischer und südostasiatischer Künstler verschrieben. Zeigt aber auch internationale Künstler, die sich mit thailändischen Themen auseinandersetzen.

Ausstellung Trevor Foster

CreativBKK

Adresse:	79/6 Sukhumvit Soi 3/1, 3. und 4. Etage
Anreise:	Skytrain Sukhumvit Line, Station Nana, Ausgang 3
Öffnungszeiten:	Mo - Das 9:00 – 19:00 Uhr
Webseite:	https://www.creativbkk.com/

Die Galerie liegt etwas versteckt im 3. und 4. Stock eines Geschäftshauses (George Custom Tailor Shop). Sie ist während der Pandemie entstanden. Ursprung ist eine Instagram-Seite, auf der sich lokale Künstler vorstellen und treffen wollten. Gefragt, ob sie nicht auch Interesse an einem echten Ausstellungsraum wie einer Galerie hätten, stimmten viele begeistert zu. CreativBKK war geboren. Gerade wenn man im quirligen Bezirk um die Nana unterwegs ist, lohnt sich ein kurzer Abstecher!

Warehouse 30

Adresse: 48 Charoen Krung 30

Anreise: Skytrain Silom Line bis Saphan Taksin. Ausgang 2. An der Sathorn Pier mit dem Express Boot bis zur Si Phraya Pier.

Öffnungszeiten: Täglich 7:00 – 1:00 Uhr

E-MAIL: HELLO@WAREHOUSE30.COM

Webseite: http://www.warehouse30.com/

Das Projekt "Warehouse 30" spielt eine wichtige Rolle in diesem Areal, das sich als kreatives Herz der Stadt versteht. Beispielhaft wurden an dieser Stelle alte Warenhäuser nicht einfach abgerissen, sondern zu einem Kunstzentrum mit Geschäften, Galerien, Veranstaltungsräumen und Café umgebaut.

Wenn man sich im Warehouse30 umschaut ist auch ein Besuch in der nahen ATT19-Galerie oder dem Street Art Projekt Charoen Krung 32 empfehlenswert!

I. Bangkok – Spaß für Kinder

In vielen Reiseführern finden sich umfangreiche Empfehlungen für alle möglichen Besuche. Aber kaum jemand denkt dabei an Familien und Kinder. Wenn Sie mit Ihrem Nachwuchs nach Bangkok reisen möchten, müssen Sie keine Sorge haben, die Kleinen würden sich langweilen. Es gibt zahlreiche Angebote für Kinder aller Altersklassen. Indoor und Outdoor. Für Kinder sollte das Programm in Bangkok abwechslungsreich sein. Mehr als eine besondere Aktivität pro Tag in dieser Hitze überfordert die Kleinen.

Sie können bei Ihren eigenen kulturellen Besuchen auch Interessantes für die Kids einbauen. In Tempelanlagen sind die Sprösslinge oft fasziniert von den sagenumwobenen Gestalten mit ihren bunten Masken und Verkleidungen. Selbst der Besuch im Wat Pho kann ihnen Spaß machen. Kaufen Sie am Tempel des liegenden Buddha einfach ein Säckchen 1 Bath Münzen. Drinnen befinden sich 108 Schalen, in die je eine Münze eingeworfen werden sollte. Das bringt Glück. Und das Klimpern macht den Kindern Spaß!

Wenn Sie Informationen suchen, was man mit Kindern in Bangkok alles unternehmen kann, welche Aktivitäten im Freien oder in Spielzentren angeboten werden, dann ist die Webseite von Bangkok Kids (https://www.bkkids.com/) sehr zu empfehlen!

1. Indoor-Vergnügen – zwischen Spiel Paradies und Trampolin

Spielparadies Playmondo

Adresse: 2. Etage Central World Einkaufszentrum, 999/9 Rama 1 Rd, Khwaeng Pathum Wan

Anreise: Skytrain Sukhumvit Line, Station Chit Lom, Ausgang 6

Öffnungszeiten: 10:00 – 20:00 Uhr

Webseite: https://www.playmondo.com/

Preise: für 3 Std. bis 13 Jahre: 660 THB (18 €).
Elternteil: 260 THB (8 €)

Tagesticket: bis 13 Jahre: 799 THB (22 €)
Elternteil: 299 THB (9 €)

Wichtig: Kinder müssen Socken tragen. Falls Sie keine dabei haben müssen diese extra im Playmondo gekauft werden!

Das Kinderspielparadies befindet sich im Einkaufszentrum Central World. Es bietet Kindern unendlich viele Möglichkeiten, Spaß zu haben.

Von Kletterwürfeln über Rutschen bis zu Spielflächen.

Offiziell ist es für Kids bis zu einem Alter von 13 Jahren empfohlen – aber meiner Einschätzung nach eher bis 9 oder 10 Jahre.

Trampolin Zentrum Bounce

Adresse: 4. Etage The Glass Quartier, EmQuartier Einkaufszentrum, 693, 695 Sukhumvit Road

Anreise: Skytrain Sukhumvit Line, Station Phrom Phong, Ausgang 1

Webseite: https://bounceinc.co.th/

Öffnungszeiten: 11:00 – 18:00 Uhr
an Wochenenden ab 10:00 Uhr

Preis: Kinder unter 110 cm:
Wochentags 1 Session = 1 Std. 200 THB 6€
2 Std. Pass 490 THB / 14 €

Das Bounce bereitet Kindern besonderes Vergnügen. In einer großen Halle warten unzählige Trampoline darauf, eure Sprösslinge in die Höhe zu katapultieren.
Da Springen und Toben auch für Kinder anstrengend ist, lohnt sich ein Aufenthalt von etwa 2 Stunden. Viele Kinder sind aber auch schon nach einer Stunde völlig verausgabt. Es ist wohltuend, beim Spielen in der klimatisierten Halle einmal der Hitze zu entkommen.

2. Freizeit Parks – von Wasserrutschen bis zu Achterbahnen

Siam Amazing Park

Adresse: 203 Suan Sayam Rd, Khan Na Yao
Anreise: Airport Rail Link, Station Hua Mak. Dann mit dem Taxi zum Ziel.
Öffnungszeiten: 10:00 – 18:00 Uhr

Webseite: https://www.klook.com/en-US/activity/1058-siam-park-city-bangkok/?spm=SearchResult.SearchResult_LIST%27&clickId=275a90124b
Preis: 14 €

Für Kinder ist der große Wasserpark mit seinen zahlreichen Rutschen, einem Wellenbad, Wasserbecken für die Kleinsten, Eis- und Getränkeständen ein erfrischendes Vergnügen – auf das sich auch Erwachsene zu gern mit einlassen.
Zusätzlich bietet der weitläufige Park ein großes Areal mit allerlei Fahrgeschäften wie z. B. einer Achterbahn, einem Ketten Karussell, einer Geisterbahn u. v. m.

Man kann mit den Kindern auch in einem Boot durch einen Dinosaurier-Dschungel gleiten. Und was mir persönlich am besten gefiel: Ich habe nirgends in langen Schlangen warten müssen! Die Badesachen können Sie im gesamten Gelände – also auch bei den Karussells – tragen.

Pororo Aqua Park

Adresse: 587, 589 Debaratana Rd., Bangna, 6.Etage

Anreise: Skytrain Sukhumvit Line, Station Udom Suk, Ausgang 5. Dann mit dem Shuttle Bus kostenlos zum Central Bang Na Einkaufszentrum.

Öffnungszeiten: 10:30 – 19:00 Uhr (Wochenende ab 10:00 Uhr)

Webseite: http://www.pororoaquapark.com/en/main

Preis:	Kinder	280 THB/8 €
	Erwachsene	400 THB/9 €

Dieser neue Aqua Park auf dem Dach des Central Plaza Einkaufszentrums in Bang Na bietet einen großen Vorteil gegenüber dem Siam Amazing Park. Sie können ihn leicht mit dem Skytrain erreichen und dann einen kostenlosen Shuttlebus nutzen.

Auf 10.000 qm stehen insgesamt 600 m Rutschen zur Verfügung. Die längste ist 158 m. Außerdem gibt es viele große und kleine, tiefe und flache Pools.

Und was mir besonders gefällt: Einige der Becken für unsere Kleinen haben ein Schutzdach, so dass die Kinder nicht der prallen Sonne ausgesetzt sind!

3. Die schönsten Spielplätze in Bangkoks Parks

Spielplatz im Lumphini Park

Adresse:	Rama IV Rd, Lumphini
Anreise:	Skytrain Silom Line, Station Saladaeng, Ausgang 2. oder U-Bahn Blue Line, Station Silom, Ausgang 1.
Öffnungszeiten:	04:30 – 22:00 Uhr

Der großzügige Park inmitten der Stadt ist auch für einen Familienbesuch gut geeignet (aber besser nicht in der Mittagshitze!). Mitten im Park gibt es einen sehr schönen Spielplatz.

Ihre Kinder werden daneben vor allem die vielen Schildkröten und die urzeitlich anmutenden Warane überall im Park spannend finden. Während Ihre Kinder die Tiere beobachten, können Sie sich auf einer der Bänke etwas entspannen.

Ich sehe auch regelmäßig thailändische Familien, die hier an den Wochenenden ein Picknick veranstalten. Kaufen Sie sich einfach in der Silom Road oder an einem der Stände rund um den Park leckeres Street Food und etwas zu trinken. Und dann ab in den Park!

Weitere Informationen zum **Lumphini Park hier**!

Spielplätze im Benjasiri Park

Adresse:	Sukhumvit Sois 22 - 24, KhlongTan
Anreise:	Skytrain Sukhumvit Line, Station Phrom Phong, Ausgang 6
Öffnungszeiten:	05.00 - 21.00 Uhr

Der Park verfügt über zwei Spielplätze, die mit zu den schönsten der Hauptstadt zählen. Außerdem ist er ganz bequem mit dem Skytrain zu erreichen. Ausgang 6 führt unmittelbar in den Park.

Gerade wenn sie in den nahe gelegenen Einkaufszentren Emporium oder EmQuartier unterwegs waren, werden Ihnen Ihre Kinder dankbar sein, wenn sie mal etwas Zeit zum Spielen haben.
Weitere Informationen zum **Benjasiri Park** (Seite 140)

J. Anhang

I. Tourenvorschläge mit Spezial-karten

Vielleicht möchten Sie die Zeit in Bangkok nutzen, um anstatt wild zusammengewürfelte Ausflüge in Angriff zu nehmen, lieber gezielt eine Tour mit einem bestimmten Thema zu unternehmen? Hier sind einige Vorschläge, die ich jeweils in einer Google Map für Sie zusammengefasst habe:

Bang Krachao – die grüne Lunge Bangkoks

https://www.google.de/maps/@13.6910895,100.5643668,15z/data=!3m1!4b1!4m3!11m2!2sZ2KhafspRmOZj_B7HvH8FA!3e3?hl=de

Bangkok - Spaß für Kinder

https://www.google.de/maps/@13.7462973,100.5730916,13z/data=!4m3!11m2!2snMIBEC0nTBGID8-SkHy8hA!3e3?hl=de

Street Food in Bangkok. Eine Entdeckungsreise

https://www.google.com/maps/d/
edit?mid=19rinRruCFSIh9NE8xDp7zL9vG-7nQWc&ll=13.745
185613596252%2C100.54259&z=13

Sky Bars in Bangkok – Alles begann mit "Hangover 2"

https://www.google.com/maps/d/
edit?mid=1SXOabFB7qUyhEoYbkYkeSwUKucAfCeY&ll=13.7
3799570234683%2C100.5335456&z=13

Bangkoks schönste Märkte

https://www.google.com/maps/d/
edit?mid=14AXMg421lUqqy003nK8ptP26DNuTXmA&ll=13.7
39617052389324%2C100.49461635&z=12

Ich empfehle, sich nur ein bis zwei Märkte auszusuchen und sich dafür insgesamt ca. vier Stunden Zeit zu nehmen.

Sehenswürdigkeiten - ein Spaziergang durch die Altstadt

https://www.google.com/maps/d/edit?mid=1izcso_Kp7b3y6zj3p_RfDWxLeEp4sYM&ll=13.742043395255479%2C100.49799010000001&z=13

Ob Sie nun den Tempel Wat Pho oder den Königspalast erkunden: Beides lässt sich gut mit einem Besuch von hervorragenden Street Food Lokalen in der Nähe verbinden. Und am Ende des Weges erwartet Sie eine sehr schöne Sky Bar.

Kunst – Von Musik bis zu Galerien

Auch zeitgenössische Kunst bietet Bangkok reichlich!

https://www.google.com/maps/d/edit?mid=1cgzDq1lv7UayFJT3R2fLkCpZrRmuRcU&ll=13.819209751678358%2C100.44746489999999&z=11

2. Pläne für drei Tage in Bangkok

Je nach Belieben können Sie sich ein individuelles Programm für Ihren Bangkok-Besuch zusammenstellen. Ganz nach Ihrem eigenen Geschmack und natürlich: Geldbeutel!

Vielleicht möchten Sie erst einmal am Hotelpool ausspannen und nur nachmittags bzw. abends ausgehen? Oder Sie nutzen die Tage in Bangkok bereits ab der ersten Minute intensiv, um die Stadt zu erkunden.

Um Ihnen die Auswahl zu erleichtern, habe ich für Sie einige Vorschläge für ein 3-tägiges Besuchsprogramm zusammengestellt. Sie beinhalten alles, was Spaß macht und so wenig wie möglich Stress verursacht: von Besichtigungen und Ausflügen bis hin zu Besuchen in Sky Bars und interessanten Restaurants.

Da, wo ich eine Google Maps Liste hinzugefügt habe, können Sie frei auswählen, je nachdem wo Sie wohnen oder welchen Teil der "Stadt der Engel" Sie erkunden möchten.

Luxuriös – Drei Tage im Paradies

Drei Tage im Luxus schwelgen und Bangkok von seiner exklusiven Seite erleben? Das gelingt Ihnen mit dieser Auswahl verführerischer Highlights spielerisch. Die Tour vereint romantische Sonnenuntergänge über den Dächern der Metropole mit unvergesslicher Historie.

Lassen Sie sich von Kopf bis Fuß verwöhnen – bei einer sanften Spa-Auszeit und in Restaurants, die Sie so schnell nicht wieder vergessen werden.

TAG 1

Nachmittags: **Afternoon Tea** in der Authors' Lounge des legendären **Mandarin Oriental Hotels**

Abends: **Besuch einer weltberühmten Sky Bar** mit Dinner

Sky Bar im Lebua Hotel (Seite 62) **oder**

Moon Bar im Banyan Tree Hotel (Seite 64)

TAG 2

Morgens: **Besichtigung des Königspalastes** und des **Wat Pho** Tempels (Seite 144)

(Privatführung mit der "Green Mango" Agentur oder einem ähnlichen Veranstalter buchen).

Mittags: **Street Food Tour in der Altstadt**
(z. B. Mango Sticky Rice, Khao Soi, Pad Krapao).

Google Maps Street Food Liste:

https://www.google.com/maps/d/edit?mid=19rinRruCFSlh9NE8xDp7zL9vG-7nQWc&ll=13.745185613596252%2C100.54259&z=13

Nachmittags: **Entspannen in einem Luxus-Spa**

Oasis Spa Sukhumvit Soi 31,
2,5 Std. 3.900 THB/105 €)

Shewa Spa, 108/1-3 Rambutri Road, (Nähe
Khao San Rd.)
(1 Std. 330 THB / 9 €),
Special Spa Relaxing Paket: 4,30 Std.
(2600 THB / 70 €)

Spa Burasari
Shanghai Mansion Hotel (Seite 15)
1 Std. Massage: 750 THB/21 € oder
„Truly Thai" Paket: 3 Std. 3200THB/90 €

Abends: **Nachts auf dem Chao Praya eine Dinner-Kreuzfahrt**
der Extra-Klasse unternehmen. z. B. mit der **Saffron River Cruise** des Banyan Tree Hotels, (Seite 119) Fünf-Sterne-Menü eingeschlossen.

TAG 3
Morgens: **Ausflug** zum **Khlong Lat Mayom Floating Market** (Seite 130)
oder zum
Or Tor Kor Market (Seite 127)

Mittags: **Seafood vom Feinsten**

Google Maps Seafood Liste

https://www.google.com/maps/d/edit?mid=1EOD20e3iY59HZX9zR7Y_xif-cgxzUUs&ll=13.710914436900038%2C100.52728135&z=12

Nachmittags: **Weltklasse Shopping im ICONSIAM**
oder
EmQuartier Einkaufszentrum

Abends: **Dinner** wahlweise:
Red Sky Bar (Seite 67)
Chakrabongse am Chao Praya (Seite 20)
oder

Sterne Restaurant **"Le Du"** (Seite 92)
Sterne Restaurant "**Sühring**" (Seite 89)

Mein Bangkok – paradiesisch und preiswert

Auch wenn Sie etwas sorgfältiger mit Ihrem Urlaubsgeld umgehen müssen, wird es Ihnen an nichts fehlen. Es gibt sehr schöne Einkaufszentren, in denen Sie preiswert shoppen können.

Und wirklich gut zu essen, ist in Bangkok keine Frage des Geldes, sondern eher der genauen Kenntnis der Top-Adressen (die bei Touristen oft weniger bekannt sind).

Gleiches gilt, wenn Sie einmal den unvergleichlichen Blick auf die Stadt aus einer Sky Bar genießen möchten, ohne das Gefühl, dafür "ausgeraubt" zu werden.

TAG 1

Morgens: Urlaubs-Shopping (z. B. Kleider, Jeans, Hemden)
MBK Mall
Siam Paragon
Central Plaza

Mittags: Die Altstadt erkunden und Street Food

z.B. Mango Sticky Rice, Suppen oder das berühmte Phad Thai.

Google Maps Street Food Liste

https://www.google.com/maps/d/edit?mid=19rinRruCFSIh9NE8xDp7zL9vG-7nQWc&ll=13.745185613596252%2C100.54259&z=13

Nachmittags: Besuch der **Schlangenfarm** (Seite 151)
Schlangenshow: 14:00 Uhr

Abends: **Besuch einer Sky Bar**, *(Seite 53) z. B.*

Octave

Scarlett

Hi So

Swing Bar

TAG 2
Morgens: **Besichtigung des Königspalastes** und des **Wat Pho** Tempels (Seite 144)

(Privatführung mit der "Green Mango" Agentur oder einem ähnlichen Veranstalter buchen).

Mittags: **Street Food Tour** in der Altstadt (z. B. Mango Sticky Rice, Khao Soi, Pad Krapao).

Nachmittags: 14:00 Uhr Besuch des **„Baan Silapin“** (Seite 159) Künstlerhauses mit anschließender Khlong Tour

Abends: **Seafood** im **T&K Seafood**

oder

River Cruise auf dem Chao Praya

TAG 3

Morgens: **Fahrrad-Tour über die Halbinsel Bang Krachao ,** Bangkoks “grüner Lunge”.

Google Maps Bang Krachao

https://www.google.de/maps/@13.6910889,100.5643668,15z/data=!3m1!4b1!4m3!11m2!2sZ2KhafspRmOZj_B7HvH8FA!3e3?hl=de

Mittags: **Streetfood alternativ:**

Pier 21 in der Terminal 21 Mall (Seite 84)

oder

Gourmet Eats Paragon (Untergeschoss der Siam Paragon Mall) (Seite 88)

Abends: **Besuch in Jacks Bar** am Chao Praya (Seite 26)

oder

Ausklang in einer Sky Bar (Seite 53)**:**

Heaven

View Rooftop (Happy Hour)

3. Probleme mit dem Gepäck vermeiden

Sicherlich kennen Sie das: Beim Koffer packen haben Sie immer wieder mit folgenden Herausforderungen zu kämpfen.

1. Was Sie mitnehmen möchten, ist einfach zu schwer.

2. Das Gewicht stimmt zwar, aber es passt nicht alles in den Koffer!

3. Was darf nur ins Handgepäck?

Wie viel dürfen Sie mitnehmen?

Die Bedingungen der Fluggesellschaften ändern sich fortwährend. Wenn Sie nach einem Flug suchen, achten Sie also sowohl darauf, wie viel Fluggepäck aktuell erlaubt ist, als auch welche Extra-Kosten berechnet werden.

Das Handgepäck ist bei vielen Airlines auf ein Gewicht von 6 oder 7 kg begrenzt. Beispiele für erlaubtes Gepäck:

1. Flug Frankfurt – Bangkok am 25.09.2022: (1 Koffer)

   - LH/Swiss 23 kg
   - Thai Airways 20 kg (statt in 2020 30 kg)
   - Finnair 23 kg
   - Qatar Airways 25 kg (statt in 2020 30 kg)

- Etihad 20 kg
- Emirates 20 kg
- Gulf Air 23 kg

Wiegen Sie Ihr Gepäck VORHER mit einer Kofferwaage ab. Sie kostet nur ein paar Euro und hilft Ihnen, böse Überraschungen am Check-in, die Zeit und Geld kosten können, zu vermeiden.

Wiegen Sie zuerst Ihren leeren Koffer. Sie werden oft überrascht sein. Mein alter Koffer wog z. B. bereits ungepackt 8,5 kg. Obwohl er noch intakt war, habe ich mir deshalb einen Neuen gekauft.

Achtung bei Powerbanks und Smartphones!

Bei elektronischen Geräten sind viele Flughäfen beim Sicherheitscheck rigoros. Lithium-Batterien gehören generell ins Handgepäck. Das Handy gleichfalls!

WICHTIG! Auch Ihre Powerbank muss prinzipiell ins Handgepäck. Wenn diese im Koffer bei Durchleuchtungen gefunden wird, bleibt der Koffer am Flughafen stehen! Aber auch im Handgepäck müssen Sie einiges beachten.

Generell darf eine Powerbank bei den meisten Airlines eine Stärke von 100 Wh nicht überschreiten. Viele Geräte haben eine Nennspannung von 3,7 oder 5 Volt. Sie können die Wh selbst berechnen.

Beispiel:

32000 mAh/1000 x 3.7 V = 118.4 Wh. Das wäre nicht erlaubt!
20000 mAh/1000 x 3,7 V = 74 Wh. Das würde akzeptiert!

Sie finden die benötigten Angaben auf der Rückseite Ihres Gerätes.

Wie Sie Platz im Koffer sparen

Beim Überprüfen des Gewichts hilft die Waage. Aber was ist mit dem Volumen?

Die meisten Menschen legen ihre Wäsche gefaltet in einen Koffer. Das sieht zwar schön aus, benötigt aber zu viel Platz.

Mein Tipp:

Kleidung rollen statt Falten! Wenn Sie zusätzlich einfache Vakuum-Beutel benutzen, können sie enorm viel Platz (bis zu 80 %) sparen! Ich nutze solche Beutel seit Jahren. Eine kleine Investition von wenigen Euro, die aber Platz im Koffer schafft.

Außerdem:

Packen Sie schwere Gegenstände nach unten, also dahin, wo die Rollen sind. Dieser kleine aber feine Kniff macht den Koffer beim Gehen stabiler.

4. Geld abheben – Geld tauschen – Karte verloren

In Deutschland Euros in Thai Bath umzutauschen ist ungünstig! Günstiger ist es, in Bangkok am Flughafen an einem der Geldautomaten Bath abzuheben. Da die Gebühren an Geldautomaten mit 220 THB (6,70 €) relativ hoch sind, sollten Sie besser gleich einen größeren Betrag (je nach Bank 10.000 - 20.000 THB/ 270 – 540 €) wählen.

Am Geldautomaten:

Nicht in € umrechnen lassen! Das bringt einen schlechteren Kurs. Anders als in Deutschland: Die Kreditkarte kann erst nach der Geldausgabe entnommen werden. Vergessen Sie diese nicht! Mir ist das in den vergangenen Jahren schon einmal passiert. Und als ich zwei Minuten später zurückkam, war die Karte weg. Ärgerlich!

In Restaurants und Geschäften werden beim Einsatz von Kreditkarten oft zusätzlich 3 % Gebühren erhoben. Bitte verlangen Sie eine Rechnung, in der die 3 % gesondert aufgeführt sind und reichen Sie diese daheim bei der Ausgabebank Ihrer Kreditkarte ein.

Meine Empfehlung: Wise Konto

Richten Sie sich bei **WISE**

Wise App IOS https://apps.apple.com/de/app/wise/id612261027
Wise App Google Play https://play.google.com/store/apps/details?id-=com.transferwise.android&hl=de&gl=US

kostenlos ein Konto ein. Zahlen Sie etwas Bargeld auf das Konto und Sie erhalten eine Visa Debit Karte. Mit dieser können Sie in Thailand Geld abheben.

Großer Vorteil: Die Umrechnungsgebühren, die Ihre Heimatbank ansonsten erhebt, entfallen. Außerdem können Sie über die App in Thailand Geld z. B. auf Hotelkonten bei der Bangkok Bank oder anderen heimischen Banken überweisen, falls keine Kreditkarten akzeptiert werden. Das Geld wird in der Regel innerhalb von Minuten zugestellt!

Geld umtauschen:

Es gibt zahlreiche Wechselstuben. Die günstigsten Wechselkurse bietet meiner Erfahrung nach

Superrich: https://www.superrichthailand.com/#!/en

Mithilfe der App können Sie gezielt Wechselstuben in Ihrer Nähe finden und im gleichen Atemzug deren Öffnungszeiten und aktuelle Wechselkurse erfahren.

Apple IOS App: https://apps.apple.com/th/app/superrichth/ id812291664?ls=1

Google Play App: https://play.google.com/store/apps/details?id=com.toobaya.mobile.superrichthailand

Notfall: Kreditkarte verloren

Es kann jedem passieren: Die Kreditkarte geht verloren oder sie wird gestohlen. Wenn Sie unsicher sind:

Ruhe bewahren und erst noch einmal alle Gepäckstücke, das Zimmer und die Einkäufe kontrollieren.

Wenn Sie dann immer noch unauffindbar ist, müssen Sie die Karte umgehend sperren lassen. Für Geldkarten z. B. der Sparkasse und alle Kreditkarten gibt es zwei zentrale Rufnummern aus Thailand:

00149 116 116 oder
00149 30 4050 4050.

5. Welche Apps lohnen sich?

Für Thailand gibt es eine große Anzahl von Apps für Smartphone, Tablet oder den Laptop. Aber werden Informationen dort regelmäßig aktualisiert? Und sind diese überhaupt hilfreich?

Ich habe in den vergangenen Jahren zahlreiche Apps ausprobiert. Eine Menge habe ich schon nach kurzer Zeit wieder gelöscht. Aber manche lohnen sich im Urlaubsalltag Bangkoks wirklich. Die wichtigsten habe ich für Sie zusammengestellt.

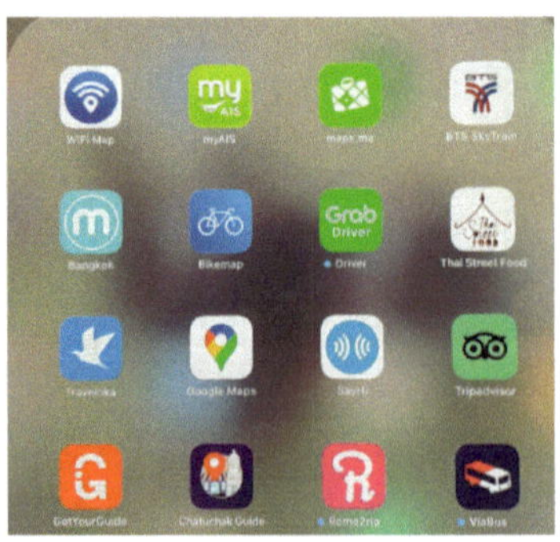

Wifi Map – WLAN finden

WIFI App IOS

https://apps.apple.com/de/app/wifi-map-internet-esim-vpn/id548925969

WIFI APP Google Play:

https://play.google.com/store/apps/details?id=io.wifimap.wifimap&hl=de&gl=US

Wenn Sie mit Ihrer deutschen SIM-Karte unterwegs sind, kann die Google Maps Suche nach einem Restaurant oder Hotel teuer werden. Mir leistet die App WiFi Map seit Jahren gute Dienste, WLAN-Spots in der Nähe zu finden – oft mit den aktuellen Passwörtern. Das funktioniert auch in Bangkok!

Maps Me – Karten offline nutzen

Maps Me App IOS:

https://apps.apple.com/de/app/maps-me-offline-karten-navi/id510623322

Maps Me App Google Play:

https://play.google.com/store/apps/details?id=com.mapswithme.maps.pro&hl=de&gl=US

Vor Reiseantritt können Sie bei Maps Me aktuelle Karten herunterladen, die Sie dann gut vor Ort Offline nutzen können, ohne Ihr Datenvolumen zu belasten.

Explore Bangkok – Skytrain und U-Bahn

Explore Bangkok App IOS:

https://apps.apple.com/de/app/explore-bangkok/id1076159526

Wenn Sie zügig ohne Staus durch Bangkok fahren möchten, nutzen Sie wenn möglich den Skytrain (Hochbahn) oder die U-Bahn. Von den Stationen können Sie dann zu Fuß, mit dem Taxi, Boot, Moped-Taxi oder Bus zu Ihrem endgültigen Ziel gelangen.

Sehr hilfreich ist die App Explore Bangkok, da bei ihr die aktuellen Streckenpläne beider Systeme eingearbeitet sind. Wenn Sie einmalig für 1,99 € upgraden (was ich empfehle), erhalten Sie weitere nützliche Infos. So können Sie durch Eingabe der gewünschten Strecke z. B. die Fahrtdauer und den Preis erfahren, aber auch den Weg zur nächsten Station und die passenden Ausgänge abrufen.

Traveloka – Hotel und Flugbuchungen

Traveloka APP IOS: https://apps.apple.com/us/app/traveloka-hotel-flight/id898244857

Traveloka App Google Play: https://play.google.com/store/apps/details?id=com.traveloka.android&hl=de&gl=US

Wenn Sie in Thailand nach Unterkünften oder Flügen suchen, lohnt sich ein Blick in die asiatische Suchmaschine Traveloka. Ich habe hier regelmäßig bei Hotels um bis zu einem Drittel günstigere Preise gefunden als bei Booking.com, Agoda oder Momondo. Sehr empfehlenswert!

Say Hi – Live übersetzen

Say Hi App IOS: https://apps.apple.com/de/app/sayhi-%C3%BCbersetzen/id437818260

Say Hi App Google Play: https://play.google.com/store/apps/details?id=com.sayhi.android.sayhitranslate&hl=de&gl=

Sie finden in Bangkok viele Thailänder, die Englisch sprechen. Aber Sie geraten auch in Situationen, in denen es hilfreich ist, auf thailändisch zu fragen. Mir hilft dann neben der Google Übersetzung die App Say Hi zuverlässig. Sie übersetzt ins Thailändische und zeigt den Satz dann auch in Thai geschrieben. Sie können mit Say Hi auch Texte fotografieren, die dann übersetzt werden.

Mit Bahn und Bus unterwegs

Rome2rio

Rome2rio APP IOS: https://apps.apple.com/de/app/rome2rio/id569793256

Rome2rio APP Google Play:
https://play.google.com/store/apps/details?id=com.rome2rio.www.rome2rio&hl=de&gl=US

Wenn Sie von Bangkok aus einen Ausflug unternehmen möchten, ist Rome2rio eine gute Wahl für Sie. Es ist eine Art "All in 1" App für Reisende. Sie erhalten z. B. für die Strecke Bangkok – Hua Hin alle Angebote bis hin zu Buchungen für Bahn, Minivan oder Mietwagen. Unkomplizierter geht's nicht. Mit Rome2rio können Sie sich auch in Bangkok orientieren, aber auch landesweit unterwegs sein!

Via Bus

Via Bus APP IOS: https://apps.apple.com/th/app/viabus/id1074208600

Via Bus APP Google PLAY: https://play.google.com/store/apps/details?id=com.indyzalab.transitia&hl=de&gl=US

In Bangkok mit dem Bus unterwegs zu sein, ist kein Abenteuer mehr. Früher hatte ich immer die Sorge, in die falsche Richtung zu fahren oder zu spät auszusteigen, weil die meisten an Bord kein Englisch verstanden. Die App ViaBus hat mir all diese Sorgen genommen. Sie sehen auf einer Karte genau die Abfahrtsstellen in Ihrer Nähe. Es wird angezeigt, wann der nächste Bus kommt und wo genau Sie aussteigen müssen.

Seit ich diese App habe, fahre ich entspannt mit dem Bus, der sehr preiswert ist und durch den man mehr von Bangkok sieht als bei einer Fahrt mit der U-Bahn. Im Vergleich zu einer Taxifahrt sind Sie nicht deutlich langsamer, aber wesentlich preiswerter!

Eine Führung buchen

Sie möchten sich in Bangkok Ihr Programm individuell zusammenstellen? Oder lieber in einer kleinen, vielleicht deutschsprachigen Gruppe geführt werden? Tagsüber den Königspalast und Wat Pho besuchen, am Abend eine Dinner-Kreuzfahrt ausprobieren?

Mithilfe der beiden Apps "Get your guide" und "Klook" können Sie sich unkompliziert und zu fairen Preisen ein passendes Angebot suchen und buchen.

GetYourGuide APP IOS: https://apps.apple.com/de/app/getyour guide-touren-tickets/id705079381
GetYourGuide App Google Play: https://play.google.com/store/apps /details?id=com.getyourguide.android&hl=de&gl=US

oder

Klook App IOS: https://apps.apple.com/de/app/klook-reisen-und-freizeit/id961850126
Klook APP Google Play: https://play.google.com/store/apps/details?id=com.klook&hl=de&gl=US

6. Reisemedizin

Thailand ist ein tropisches Land mit anderem Klima, anderem Essen und einer exotischen Tierwelt. Es ist also sinnvoll, zumindest einige Vorsichtsmaßnahmen zu ergreifen. Aber übertreiben Sie es nicht.

Es gibt hervorragende Krankenhäuser in Thailand, sehr gute Ärzte, alle notwendigen Medikamente und viele Apotheken.

Ich rate Ihnen in jedem Fall zu überprüfen, ob ihre Krankenkasse einen Auslandsschutz beinhaltet oder Sie eine extra (preiswerte) Versicherung abschließen müssen. Achten Sie darauf, dass diese im Fall einer ernsthaften Erkrankung eine kostenlose Rückholung beinhaltet.

Sinnvolle Impfungen

Überprüfen Sie diesen Punkt rechtzeitig vor Ihrem Urlaub beim Hausarzt. Für Thailand-Reisende sind folgende Impfungen empfehlenswert:

- Tetanus
- Diphtherie
- Hepatitis A
- Tollwut (wenn Sie in Gegenden mit weniger medizinischer Versorgung reisen)

Nehmen Sie für alle Fälle wenigstens eine Kopie Ihres Impfausweises mit. Es reicht auch, wenn Sie darauf online Zugriff haben.

Was gehört in Ihre Reiseapotheke?

Nehmen Sie Sonnencreme mit einem hohen Lichtschutzfaktor mit (diese ist in Thailand wesentlich teurer). Außerdem gehört ein gutes Insektenspray in jedes Gepäck! Ich verlasse mich auf "Anti Brumm", das Sie auch bei uns in Apotheken erhalten.

Ansonsten gilt: Gute Heftpflaster gibt es in Thailand kaum, deshalb nehme ich immer eine Packung mit. Außerdem gehören in meine Reiseapotheke eine Tube Panthenol Salbe zur Wundbehandlung und ein Mittel gegen Sodbrennen. Falls Sie etwas nicht vertragen, z. B. wenn das Essen zu scharf ist, schafft es Erleichterung.

Sie finden in Städten und großen Badeorten Dr. Watsons oder Boots-Apotheken, in denen in der Regel sehr gut ausgebildete, englischsprachige Apotheker arbeiten. Das Wundermittel gegen Fieber und Schmerzen ist Paracetamol, das in Thailand preiswert ist, selbst im 7/11 an der Ecke.

Medizinischer Notfall

Falls Sie in Bangkok einen Unfall oder sonst einen medizinischen Notfall haben, wenden Sie sich direkt an das Hotelpersonal um Hilfe. Ansonsten rufen Sie am besten die Touristen-Polizei an, bei der es sowohl englisch- als auch deutschsprachige Beamte gibt.

Tel . Nr.: 1155

Falls Sie in ein Krankenhaus müssen, werden Sie dort als Privatpatient behandelt. Lassen Sie sich über alle Behandlungen Quittungen und Abschlussberichte ausstellen, die Sie anschließend daheim bei der Auslandskrankenversicherung einreichen können.

Öffentliche Krankenhäuser

Die besten öffentlichen Krankenhäuser der Stadt sind für mich:

King Chulagonkorn Memorial Hospital

Adresse: 1873 Rama IV Rd, (Ecke Lumphini Park)

Siriraj Hospital (dem sich auch Mitglieder der Königsfamilie anver trauen)

Adresse: 2 Thanon Wang Lang, Siri Rat

Private Krankenhäuser

In diesen Hospitälern arbeiten zumeist internationale Ärzte oder Ärzte mit internationaler Ausbildung.

Paolo Hospital

Adresse: 670, 1 Phahonyothin Rd.

Ich musste selbst bereits zweimal in Bangkok ins Krankenhaus. Beide Male habe ich das Paolo gewählt (einmal hier, einmal in Rangsit). Die Versorgung und Fürsorge waren hervorragend!

Burumgrad Hospital

Adresse: 33 Soi Sukhumvit 3

Es ist das größte Krankenhaus in Südostasien mit exzellentem Ruf. Mehr als ein Drittel seiner Patienten kommen aus dem Ausland zur Behandlung in das Bumrungrad.

7. Skytrain, U-Bahn und Busse in Bangkok

Sie können die Hauptstadt mit einem soliden Infrastruktur-System aus Hochbahn (Skytrain) und U-Bahn erkunden, das die touristisch interessanten Zonen miteinander verbindet. Boots-Fahrten auf dem Chao Praya helfen dabei, Staus in der Innenstadt zu umgehen. Zusätzlich gibt es noch ein exzellentes Busnetz in Bangkok, das sich mithilfe der VIA App leicht nutzen lässt.

Skytrain

Öffnungszeiten: 06:00 Uhr bis Mitternacht

Webseite: https://www.bts.co.th/eng/

Explore Bangkok APP IOS: https://apps.apple.com/us/app/explore-bangkok/id1076159526

Explore Bangkok APP Google Play:
https://play.google.com/store/apps/details?id=com.exploremetro.bk&hl=de&gl=US

Die kostenfreie Version von "**Explore Bangkok**" zeigt die aktuellen Strecken und Haltestellen des Skytrain und der U-Bahn. Wenn Sie 1,99 € (einmalig) investieren, können Sie zusätzlich für Ihre gewählte Route die Fahrtdauer und den Preis erfragen!

Weiterhin zeigt die App bei den Stationen, wohin die Ausgänge führen, was dabei hilft, umständliche Wege zu vermeiden.

Orientierung: Die Strecken sind nach den Endbahnhöfen benannt. Alle Hinweisschilder für die Bahnsteige richten sich danach. Also Vorsicht! Sonst fahren Sie in die falsche Richtung!

Preise: 1,30 € bis 2,50 €
Tagespass 5 €

Der Ticketpreis richtet sich nach der gefahrenen Streckenlänge. Der Streckenplan hängt neben den Ticketautomaten. Drücken Sie auf die gewünschte Zielstation und der Preis wird angezeigt.

Die Rabbit Card

Sie können langes Warten vor Automaten oder an der Kasse vermeiden, indem Sie sich eine wiederaufladbare sog. „Rabbit Card“ kaufen. Sie kostet an den Schaltern ca. 6 €. Davon sind 3 € Gebühren und 3 € Guthaben. Am Ende der Fahrt wird Ihnen das Restguthaben beim Auflegen der Karte auf die Ausgangsschranke angezeigt.

Falls das Guthaben zu niedrig ist, gehen Sie zu einem Schalter und laden Sie die Karte wieder auf. Eine sehr hilfreiche Investition!

U-Bahn

Öffnungszeiten: 06:00 Uhr bis Mitternacht

Webseite: https://metro.bemplc.co.th/Ticket-Token?ty=3&lang=en

Die kostenfreie Version von Explore Bangkok (siehe Skytrain) zeigt das aktuelle Streckennetz der Hochbahn und der U-Bahn. Wenn Sie 1,99 € investieren, können sie außerdem für Ihre gewählte Strecke die Fahrtdauer und den Preis erfragen! Zusätzlich zeigt die App bei den Stationen die Ausgänge.

Orientierung: Die Strecken sind immer nach den Endbahnhöfen benannt. Alle Hinweisschilder für die Bahnsteige richten sich danach. Überprüfen Sie dies bereits vor Betreten der Station, sonst fahren Sie in die falsche Richtung!

Preise: 1,30 € bis 2 €.
Tagespass 4 €
Drei-Tages-Pass lediglich 8 €!

Der Preis des Chips (Token) richtet sich nach der Streckenlänge, die Sie fahren. Der Streckenplan hängt neben den Ticketautomaten. Drücken Sie auf die gewünschte Zielstation und der Preis wird angezeigt.

Sie können sich die Warteschlangen vor Automaten oder Schaltern sparen, wenn Sie sich eine wiederaufladbare sog. „MRT Stored Value Card" an der Kasse kaufen. Sie kostet ca. 6 €. Davon sind 1,50 € Deposit, 1 € Gebühr und 3 € Guthaben.

Wichtig! Wenn Sie älter als 60 Jahre sind, können Sie eine spezielle „Elder Card" kaufen. Dann zahlen Sie pro Fahrt nur noch 50 % des Normalpreises!

Schauen Sie sich vor dem Verlassen Ihrer Zielstation den Stationsplan an, um den richtigen Ausgang zu wählen!

SRT zum Don Mueang Airport

Neuerdings können Sie auch vom innerstädtischen Flughafen mit dem Zug in die Stadt fahren.

Webseite SRT: https://www.srtet.co.th/index.php/en

Falls Sie schweres Gepäck dabeihaben: Der Weg von der Ankunftshalle zum Bahnsteig dauert ca. 10 Minuten! Den Chip für die Bahn am Aiutomaten oder am Schalter lösen.

Öffnungszeiten: 06:00 – 19:30 Uhr
Preis: 33 THB (1 €)

Busfahrten mit der Via App

Via Bus APP IOS: https://apps.apple.com/th/app/viabus/id1074208600

Via Bus APP Google PLAY: https://play.google.com/store/apps/details?id=com.indyzalab.transitia&hl=de&gl=US

Bangkok verfügt über ein exzellentes Busnetz. Sie sind mit diesem Transportmittel kaum langsamer als mit dem Taxi. Ich scheute früher vor Busfahrten zurück, da oft niemand an Bord Englisch sprach und mir helfen konnte, ans Ziel zu kommen oder rechtzeitig auszusteigen.

Die ViaBus App hat mir diese Sorge genommen. Sie können in der App die umliegenden Haltestellen sehen. In Echtzeit erfahren Sie, wann der nächste Bus ankommt. Das alles ist so übersichtlich und einfach gestaltet, dass Sie sich ViaBus getrost anvertrauen können.

8. Chao Praya Boote

Die meisten Boote starten an der Sathorn Pier, die Sie mit dem Skytrain erreichen (Silom Line, Station Saphan Taksin, Ausgang 2).

An der Pier stehen Ihnen kostenlose Shuttle-Boote zum Vergnügungszentrum Asiatique The Riverfront und zum Einkaufszentrum ICONSIAM zur Verfügung.

Außerdem können Sie das Express-Boot, mit dem die Einheimischen fahren oder das etwas teurere Chao Praya Tourist Boot nutzen.

Shuttle Boote

Asiatique The Riverfront

Fahrtzeiten: 16:00 – 23:30 Uhr

Das Shuttle-Boot fährt jede halbe Stunde kostenlos zum Asiatique und retour zur Sathorn Pier. Es lohnt sich auch vom Asiatique aus die Charoeng Krung bis zur Skytrain Station Saphan Taksin zu erkunden. Es ist die älteste befestigte Straße in Bangkok, das ehemalige Europäische Viertel.

ICONSIAM

Fahrtzeiten: 09:00 – 23:00 Uhr

Das kostenlose Shuttle-Boot startet an der Sathorn Pier. (Skytrain Silom Line, Station Saphan Taksin, Ausgang 2)

Man kann das Shuttle nicht nur für eine Shopping Tour nutzen oder um die beeindruckenden Wasserspiele vor der Mall zu genießen. Vom ICONSI-AM starten auch einige Schiffe zu den abendlichen Diner Fahrten.

Express-Boot

Webseite: https://www.chaophrayaexpressboat.com/?lang=en

Fahrtzeiten: ab 06:00 Uhr

Preis: 15 – 32 THB (0,40 – 1 €)

Das Express-Boot ist das preiswerteste Transportmittel auf dem Chao Praya. Sie können an der Sathorn Pier starten und alle Haltepunkte flussaufwärts bis zur 20 km entfernten Insel Koh Kret erreichen. Halten Sie an Bord Kleingeld bereit

Wichtig an der Sathporn Pier: Wählen Sie den unscheinbaren kleinen Eingang am Tisch rechts – nicht den blauen Schalter! Notfalls fragen Sie. Sonst wird man zum teuren, blauen Hop-On Hop-Off Boot geschickt.

Die verschiedenen Linien der Express-Boote sind nach Farben gekennzeichnet (orange, gelb, grün, rot).

Hop-On Hop-Off Boot

Webseite: https://chaophrayatouristboat.com/

Fahrtzeiten: 08:30 – 17:30 Uhr

Preis: 50 THB (1,50)
Tageskarte: 180 THB (6 €)

Diese Boote halten nur an den Piers, die zu touristischen Attraktionen führen, daher kommen Sie etwas schneller als mit dem Express-Boot voran. Dafür zahlen Sie aber auch mehr. Ich bevorzuge das Express-Boot, da es preiswerter ist und die Passagiere bunter zusammengewürfelt werden.

An der Sathorn Pier wird Service Personal versuchen, Sie zum Hop-On Boot zu dirigieren, vorbei am Tisch des Express-Bootes. Tickets für das Touristen-Boot erhalten Sie am blauen Schalter.

9.Spezialkarten zum Buch

Ich habe zu jedem Kapitel des Buches meine Empfehlungen in eine extra Karte bei Google Maps eingearbeitet. Sie können diese wahlweise per Link öffnen oder über den jeweiligen QR-Code. Mit diesen können Sie sich Ihren Tag auch individuell nur unter einem bestimmten Motto zusammenstellen.

Thementouren (siehe unten Google Maps Listen)

» **Bang Krachao – die grüne Lunge Bangkoks**

» **Bangkok – Spaß für Kinder**

» **Street Food in Bangkok. Eine Entdeckungsreise**

» **Sky Bars in Bangkok – Alles begann mit "Hangover 2"**

» **Bangkoks schönste Märkte**

» **Sehenswürdigkeiten**

Google Maps Listen zu meinem Buch

Meine liebsten Hotels

https://www.google.com/maps/d/edit?mid=1n8rNq03xmGF7tgR7pnMKcPdObXDe6cE&ll=13.724123526641108%2C100.53909579999998&z=13

Bangkoks legendäre Sky Bars

https://www.google.com/maps/d/
edit?mid=1SXOabFB7qUyhEoYbkYkeSwUKucAfCeY&ll=13.7
3799570234683%2C100.5335456&z=13

Bangkoks Restaurants

https://www.google.com/maps/d/
edit?mid=1taGUmFmH99QjUBGAIWLkLE8kRBcrZ30&ll=13.
72405999195832%2C100.58514395000003&z=11

Seafood vom Feinsten

https://www.google.com/maps/d/
edit?mid=1EOD20e3iY59HZX9zR7Y_xif-
cgxzUUs&ll=13.71091443690038%2C100.52728135&z=12

Bangkok Street Food

https://www.google.com/maps/d/edit?mid=19rinRruCFSlh9NE8xDp7zL9vG-7nQWc&ll=13.74518561359625 2%2C100.54259&z=13

Bang Krachao

https://www.google.de/maps/@13.6910898,100.5643668,15z/data=!3m1!4b1!4m3!11m2!2sZ2KhafspRmOZj_B7HvH8FA!3e3?hl=de

Koh Kret

https://www.google.com/maps/d/edit?mid=1wXimE4AlVJ923AtlzgZ0SNyGsq4HVHY&ll=13.909528141363504%2C100.48668085&z=16

Die bunten Märkte Bangkoks

https://www.google.com/maps/d/
edit?mid=14AXMg421lUqqy003nK8ptP26DNuTXmA&ll=13.73961705
389324%2C100.49461635&z=12

Sehenswürdigkeiten

https://www.google.com/maps/d/
edit?mid=1izcso_Kp7b3y6zj3p_RfDWxLeEp4sYM&ll=13.74204339525
479%2C100.497990100000001&z=13

Bangkoks exotische Parks

https://www.google.com/maps/d/
edit?mid=1G_hJXNxu90xZi1CXKkNquYd8qhv6KAI&ll=13.72495143
46128%2C100.5792812&z=12

Bangkok - Spaß für Kinder

52

https://www.google.com/maps/d/edit?mid=1nbmt55SZKlW2y8_qcHqyaCxQtgMgJUE&ll=13.737757936881962%2C100.5942887&z=12

55

34

Impressum

Texte: Joachim Horn
Fotos: Joachim Horn (sonst: siehe Bildnachweise)

Fregestr.16
04105 Leipzig
Deutschland

Cover Gestaltung: by Trzy

Sonstige Bildnachweise: ATT19, Banyan Tree Bangkok, Chakrabongse Villas Bangkok, Coconut Bar Bang Krachao, Jack´s Bar Bangkok, Jay Fai Bangkok, Landhaus Bakery Bangkok, LeDu Bangkok, Mandarin Oriental Bangkok, Raweekanlaya Bangkok, Sac Galery, Shanghai Hotel Bangkok, Sornthong Pochana Bangkok, Stay Café, Sühring Bangkok, Terminal21, Uncle Ooh Bang Krachao, White Orchid River Cruise.

ISBN: 978-3-00-074584-3

Printed in Poland
by Amazon Fulfillment
Poland Sp. z o.o., Wrocław

23758677R00132